Perfilación Criminal
-Manual Forense-

Instituto Europeo de Ciencias Forenses y Seguridad

Primera Edición IECFS, 2018
©Instituto Europeo de Ciencias Forenses y Seguridad
e-mail: info@iecfs.eu
ISBN: 9781731264756
Queda prohibida la reproducción, almacenamiento o transmisión en forma alguna por medio de cualquier procedimiento, sin contar con la autorización previa, expresa y por escrito del autor.
Copyright: *Instituto Europeo de Ciencias Forenses y Seguridad.*

Índice

Introducción	5
TEMA 1. HISTORIA DE LA PERFILACIÓN CRIMINAL	7
1. Introducción a la Perfilación Criminal	7
1.1. Perfilación Criminal: Ciencia o técnica	10
1.2. Objetivo de la Perfilación Criminal	13
1.3. Qué se necesita para ser un Perfilador	17
2. Pros y contras, verdades y mentiras de la Perfilación Criminal	20
2.1. Mentiras	22
2.2. Verdades	28
3. Historia de la Perfilación Criminal	30
TEMA 2. TIPOLOGÍAS DE LA PERFILACIÓN CRIMINAL	45
1. El F.B.I., el pionero policial del Criminal Profiling	51
2. La Perfilación académica. Perfil Geográfico	56
TEMA 3. LA ESCENA DEL CRIMEN	60
1. La inspección ocular	64
2. El Perfilador Criminal en la escena del crimen	66
2.1. Tipología de escena del crimen en la Perfilación Criminal. Organizada versus Desorganizada	68
2.2. Aspectos a estudiar en la escena	72
2.2.1. Escena mixta	73
3. Modus Operandi	76
3.1. Información obtenida del modus operandi	77
4. La Firma	85
5. Periodo de enfriamiento	86
TEMA 4. PERFILES DELINCUENCIALES	88

1. Psicópatas — 91
2. Psicóticos — 115
3. Asesinos mixtos — 121
4. Agresores sexuales — 127
5. Terroristas — 135
6. Breve apunte sobre la Victimología y la autopsia psicológica — 140
7. Entrevista / interrogatorio — 144
7.1. Entrevista — 144
7.2. Interrogatorio — 147
7.2.1. Técnicas de interrogatorio. — 148
Epílogo — 161
Bibliografía — 163

Introducción

El presente libro pretende ser un manual forense para el Perfilador Criminal. A lo largo de todas sus páginas se aportará la información teórico-práctica para poder obtener los conocimientos necesarios para la realización de un Perfil Criminológico. El manual, en su concepción teórica se aleja de cualquier conjetura o aseveración no basada en el empirismo y la objetividad científica aportada por la Criminología y las ciencias transversales de la técnica de la perfilación. Además de ello, cada línea está basada en la experiencia real de los autores. Criminólogos expertos en Perfilación Criminal en ejercicio y por ende con experiencia real en la aplicación judicial de la técnica. El Instituto Europeo de Ciencias Forenses y Seguridad **(www.iecfs.eu)** es una institución dedicada a la investigación forense en diferentes especialidades, siendo la Perfilación Criminal uno de los pilares del Instituto y siendo sus expertos solicitados en diversos casos para llevarla a cabo. Siendo conscientes que aún dicha técnica es poco utilizada ante los Tribunales de Justicia no es menos verdad que esta casuística debe tornarse con la formación de forenses expertos en el campo con acciones como el presente manual dedicado y dirigido a la aportación de conocimientos concretos.

Solo esperamos, desde el Instituto Europeo de Ciencias Forenses y Seguridad, que el presente manual cumpla su objetivo, las expectativas del lector y aporte un pequeño grano de arena a la Perfilación Criminal en general y a la formación de verdaderos profesionales en particular.

TEMA 1. HISTORIA DE LA PERFILACIÓN CRIMINAL

1. Introducción a la Perfilación Criminal

Cuando se habla de Perfilación Criminal no suele venir a la mente nada más que imágenes televisivas de series y/o películas que tratan dicha temática de manera más Hoollywodiense que real. Se tiene la proyección de una persona (póngase el ejemplo de la famosa película *"El dragón Rojo"*, con el asesino serial refinado y culturalmente superior Hannibal Lecter) o varias (ejemplo, la serie televisiva *"Criminal Minds"*, *"Mentes Criminales"*) que, con unos conocimientos casi ilimitados, sin medios más allá de su increíble "poder" de interpretación, y en un tiempo récord (en ocasiones minutos) son capaces de señalar, reconocer, averiguar el paradero, detener, interrogar y conseguir la confesión de un delincuente casi siempre excepcional. La realidad, en este caso, no tiene nada que ver con la ficción. Como se verá a lo largo del manual, la Perfilación Criminal es una técnica criminológica que no puede aplicarse a todos los campos de la Criminología, que para que se pueda desarrollar necesita de unos parámetros claros y concisos que no siempre se dan en un acto delictivo, y es algo más que relacionar datos hasta conseguir localizar a la persona que supuestamente comete los delitos.

Llegados a este punto, se comenzará a introducir al lector contextualmente en el "universo" de la Perfilación Criminal. Primero, se deberá acotar la definición del término. Cabe mencionar, que la denominación americana (mejor dicho, la traducción del término) *Criminal Profiling*, es utilizada de manera amplia para referirse a lo mismo. En este manual el concepto que se es el de "Perfilación Criminal".

Si se atiene a la R.A.E.[1], se debe indagar acerca de los dos vocablos del concepto. Así, "Perfil" se define como *"Conjunto de rasgos peculiares que caracterizan a alguien o algo"*, y "criminal" como *"Que ha cometido o provocado cometer un crimen"*. Por ello, de manera estrictamente filológica, el concepto de Perfilación Criminal podría definirse como *"Conjunto de rasgos peculiares que caracterizan a quien ha cometido un crimen"*. A esta definición se debería añadir *"Ciencia que estudia el conjunto de rasgos peculiares que caracterizan a quien ha cometido un crimen"*. Y en este punto debe preguntarse ¿Es la Perfilación Criminal una ciencia, una técnica, o nada de esto? En esta casuística se profundizará según se vaya avanzando.

A pesar de que en España la Perfilación Criminal es reciente, como se verá a continuación, se cuenta con profesionales con sólida experiencia académica y profesional dentro de este campo. En

---

[1] Diccionario de la Real Lengua Española. 2001.

el ámbito internacional se encuentra Robert K. Ressler. Fue quien acuñó el término "asesino en serie" o "asesino serial" (concepto que se estudiará a lo largo del curso) y el impulsor de lo que hoy se conoce como "Unidad de Ciencias del Comportamiento". Se trata de una unidad de apoyo especial del F.B.I. dedicada a la elaboración y estudio de perfiles criminales.

Ressler define la Perfilación Criminal como *"Proceso de identificación de las características psicológicas de una persona basándose en los crímenes que ha cometido y proporcionando una descripción general de esa persona"* (1985).

Continuando en el ámbito internacional, el agente retirado de la Policía de Nueva York Vernon J. Geberth, miembro fundador de la Asociación Internacional de Investigación de Homicidios, profesor de Justicia Penal en diferentes universidades americanas, el cual dedicó gran parte de su vida profesional a la investigación de homicidios seriales, define la Perfilación Criminal como un *"intento de proporcionar información concreta acerca del tipo de persona que ha cometido un crimen determinado (...) basándose en información tomada de la escena del crimen y victimología, que se integra con teorías psicológicas conocidas"*.

Se ha de decir que en este manual se presentan como válidas y científicas todas estas definiciones.

A pesar de que existen multitud de profesionales que han definido la Perfilación Criminal de manera científica, desde este curso se piensa que la definición más exacta y amplia es la realizada por Ángela Tapias Saldaña, psicóloga de la Universidad Nacional de Colombia, especialista en Peritaje Psicológico por la Universidad de Murcia y Máster internacional en Psicología Forense por la Universidad de Granada, asesora experta en Psicología Jurídica y Forense, quien define la Perfilación Criminal como una *"Técnica de investigación judicial que consiste en inferir aspectos psicosociales del agresor con base a un análisis psicológico, criminalístico y forense de sus crímenes con el fin de identificar un tipo de persona para orientar la investigación y captura"* (2004).

1.1. Perfilación Criminal: Ciencia o técnica

A la hora de estudiar la Perfilación Criminal se debe tener en cuenta las diferentes acepciones que existen para mencionar lo mismo. Así, las siguientes acepciones son sinónimos de lo que se llamará a lo largo del curso "Perfil Criminal"[2]:

1. *Perfil Psicológico* (Holmes 1989).

---

[2] Es importante conocer las siguientes acepciones pues así, cuando se lean dichos conceptos en publicaciones científicas o informes técnicos o periciales, se sepa que se trata de lo mismo.

2. *Perfil de Personalidad del Criminal* (Mc Can 1992).
3. *Perfil del Agresor* (Canter 2000).
4. *Investigación Analítica Criminal* (Warren 1999).

Así como sus acepciones extranjeras más comunes teniendo en cuenta las dos lenguas de publicación sobre la temática más utilizadas (inglesa y francesa):

1. *Criminal Profiling.*
2. *Profilage Criminelle* (Agrapart-Delmás 2001).

A partir de aquí, y conociendo las diferentes acepciones y definiciones del término, se puede entrar a evaluar la Perfilación Criminal como ciencia o técnica. Una ciencia es definida por la Real Academia de la Lengua Española[3] como un *"Conjunto de conocimientos obtenidos mediante la observación y el razonamiento, sistemáticamente estructurados y de los que se deducen principios y leyes generales"*. Y una técnica como *"Perteneciente o relativo a las aplicaciones de las ciencias y las artes"*. Por lo tanto, en este caso, con la Perfilación Criminal, lo más adecuado sería decir que se trata de una técnica criminológica. Es decir, la ciencia a la que sirven, en este caso ciencias, serían la Criminología, y en parte a la Criminalística, la técnica sería la Perfilación Criminal.

---

[3] Diccionario de la Lengua Española. 2001.

No estaría de más, llegados a este punto, y basándose en conceptualizaciones científicas, el nombrar, para aprender a separar y reconocer, las diferentes disciplinas que conllevan tanto la Criminología como la Criminalística. En el siguiente cuadro se observa qué disciplinas (qué tipo de ellas, pues son todas las que están pero no están todas las que son) pertenecen a cada grupo.

CRIMINOLOGÍA	CRIMINALÍSTICA
Victimología.	Todas aquellas técnicas con base de las ciencias exactas con aplicación forense (Lofoscopia, Balística forense, Pericia Caligráfica, Medicina Legal,...)
Sociología de la Desviación.	
Delincuencia Juvenil.	
Estudios cuantitativos y cualitativos aplicados a la Criminología.	
Justicia Restaurativa.	
Perfilación Criminal.	
Entrevistas e	

interrogatorios.	
Estudio del Delincuente.	
Historia Criminal.	
Análisis y estadística criminológica.	
...	

1.2. Objetivo de la Perfilación Criminal

¿Cuál es el objetivo de la técnica de la Perfilación Criminal? En principio esta pregunta parece sencilla, la respuesta podría ser *"atrapar al delincuente"*. Pero si se respondiera así probablemente se estaría guiando por lo que se conoce socialmente de la Perfilación (TV, Cine, artículos y entrevistas de pseudoperfiladores,...). Al comienzo de este tema se ha señalado que la concepción social, influida por los medios de comunicación, así como por "Hollywood", ha hecho tener la imagen de ciertas personas, que, gracias a sus increíbles potenciales atrapan a los delincuentes más temibles, despiadados e inteligentes del planeta. He aquí el primer error.

El objetivo de la Perfilación Criminal no es señalar (como lo harían las técnicas criminalísticas, como por ejemplo si, utilizando la Dactiloscopia, se encontrara una huella dactilar en un arma homicida y por ende se sabría, al menos, quién ha empuñado dicha arma) sino que el objetivo de la Perfilación es eliminar sospechosos. Una Perfilación Criminal no trata de señalar al culpable, sino de eliminar sospechosos para poder disminuir las pesquisas y llegar al verdadero o verdaderos delincuentes.

Por lo tanto, se concluye que **el objetivo principal de la Perfilación Criminal no es señalar un culpable sino eliminar sospechosos de manera argumentada y científica** mediante una buena investigación, dotando a los investigadores de las características sociales, personales y conductuales de los sospechosos del acto investigado.

Este es el objetivo principal, pero existen otros muchos más específicos.

En primer lugar, como objetivo específico tenemos la posibilidad de **conectar actos violentos**. La Perfilación Criminal permite, mediante el conocimiento del delincuente, dirimir si dos actos aparentemente inconexos han podido ser realizados por el mismo sujeto. ¿Cómo es posible? Conociendo la personalidad y el *modus operandi* así como características extrínsecas e intrínsecas del autor (firma, pulsiones,...) se puede llegar a determinar si dos actos tienen conexión. Al igual que se puede conocer si dos cuadros sin firma han sido realizados por el mismo autor estudiando la forma del trazo, el estilo,... se puede conocer si dos actos violentos han sido realizados por la misma persona. En estos casos, se suele requerir la realización de un Perfil Criminológico cuando se han producido dos (o más) hechos, geográficamente distantes, pero que presentan rasgos comunes.

En segundo lugar, como objetivo específico, se tendría el **análisis psicológico del autor**, y dentro de este, su *estado psicológico durante la realización del crimen*. En este caso, lo más normal suele ser que recurran al Perfilador para conocer el estado mental durante el delito, ya que, una vez detenido el presunto autor, se describe y declara como enajenado, aduciendo una enfermedad mental, que intentará fingir para que actúe como atenuante y/o eximente completa o parcial. Como se estudiará en el caso de los psicópatas, la simulación de una enfermedad mental es una "treta" recurrente. Y es por ello, que, analizando el hecho, se puede llegar a establecer la situación psicológica del autor en el momento del crimen y en su vida "normal". Lo más cotidiano es que se solicite la opinión del Perfilador sobre si el sujeto puede ser un psicópata o un psicótico (como se verá en los siguientes temas, no es tan fácil categorizar).

Como tercer subobjetivo, se encuentra el estudio de la Perfilación Criminal aplicada a la **Victimología**. Cuando se hace referencia a la Perfilación Criminal aplicada a la Victimología, se centra en dos vías de estudios. Por un lado la *autopsia psicológica*, es decir, la perfilación de la víctima, ya que "*conociendo a la víctima conocemos al autor*", y por otro lado la *simulación en la escena* *del crimen*. Esto quiere decir que existe la posibilidad de manipular la escena con el fin de "despistar" o borrar indicios por parte del autor. Esto va unido con el concepto de "Conciencia Forense" que se analizará más detalladamente.

OBJETIVO GENERAL	Eliminar sospechosos (a través del descarte por no "encajar" en el perfil buscado).
Obj. específico 1	Conexión de casos.
Obj. específico 2	Estado psicológico del autor (Psicópata/psicótico).
Obj. específico 3	Estudio victimológico.

Como cuarto objetivo estaría **el estudio "en frío"**, esto quiere decir el metaanálisis de los criminales con el fin de cuantificar académicamente los diferentes perfiles. El estudio científico de las conductas, personalidad,... de los delincuentes ya condenados con el fin de avanzar en el estudio de la Perfilación Criminal y poder así aplicarla en casos futuros.

Como cualquier técnica forense, y debido a la razón última de toda investigación, y contrario a la "*cultura popular de la televisión*" la técnica de la Perfilación Criminal no es excluyente, sino todo lo contrario, a otras técnicas forenses. Es decir, debe existir una complementariedad, una transversalidad, con todos los aspectos de una investigación empírica, ya sea policial y/o judicial. Esto es, la aplicación de las técnicas criminológicas, deben ir complementadas con las técnicas criminalísticas, pues unas validan las otras.

Es por ello que el Perfilador, como profesional, no debe ser un profundo conocedor de todas las ciencias y técnicas forenses. Pero sí debe comprenderlas, y saber, por ejemplo, leer e interpretar cualquier informe proveniente de peritos criminalísticos (ADN, Balística, Autopsias, Pericias Grafológicas, Psicológicas, Psiquiátricas,...).

1.3. Qué se necesita para ser un Perfilador

A pesar de la gran responsabilidad, no ya del Perfilador, sino de la mayoría de los investigadores forenses, en muchas ocasiones no se exige ningún tipo de formación ni específica ni general para ejercer como tal. O, para cumplir con ciertas obligaciones, la formación que se solicita e imparte es nula y/o nefasta. Al no estar regulado (lógicamente un perito en arquitectura, por ejemplo, debe ser un licenciado, ya que sí existe una formación reglada sobre la materia), en España existe un desconocimiento y una gran cantidad de pseudoperfiladores sin ninguna formación específica (en muchas ocasiones sin ninguna formación), que al carecer de escrúpulos se aprovechan del desconocimiento y en no pocas del sufrimiento de los potenciales contratantes de sus servicios, emitiendo informes sin ningún contraste científico, que no sirven para nada si no es para obstaculizar la investigación y que no consiguen el objetivo planteado.

Desde nuestro prisma y teniendo en cuenta la naturaleza y el objetivo que persigue la Perfilación Criminal existen dos tipos de formación que debería tener todo aquel que desee dedicarse a ello. En primer lugar, y debido a la naturaleza del trabajo, se requiere una formación y/o experiencia en ciencias conductuales y humanistas. Son muchas las personas, al parecer bastante dogmáticas, que opinan que únicamente la formación en Psicología o Psiquiatría es válida como base para la Perfilación Criminal. En nuestra opinión, los estudios en Psicología y Psiquiatría son válidos como base, pero, por supuesto, los estudios en Criminología, que engloba la formación holística del crimen y el delito (delito, delincuente, víctima e impacto social), y también ramas humanistas como la Antropología, la Sociología, la Filosofía, el Trabajo Social,... son una estructura prácticamente obligatoria.

Por otro lado, teniendo una sólida base humanística y conductual, se debe tener una formación bastante amplia en las diferentes ramas que serán de ayuda para la Perfilación Criminal, estas podrían resumirse en:

- Ciencias comportamentales (conductismo).
- Ciencias del pensamiento (cognitivsimo).
- Psicoanálisis (Freud y su teoría sexual, Lacan y su estudio de las psicosis,…).
- Estadística (aplicada al ámbito sociológico).
- Comunicación No Verbal (aplicado al ámbito forense).
- Ciencias forenses (como se ha dicho, no se trata de convertirse en un Perito Forense, sino en comprender y aprender conceptos de las diferentes especialidades).

Por lo que una base en ciencias humanas así como una especificidad de aquellas áreas de interés son importantes para la formación del Perfilador.
Por otro lado, y hablando de la experiencia, es obvio que, para cualquier profesión es de vital importancia el contar con una dilatada. En el ámbito de la Perfilación Criminal, siempre y cuando la experiencia sirva para el aprendizaje, el trabajar con un equipo multidisciplinar en donde cada uno tenga identificada su área de influencia es de vital importancia para aprender y aprehender.

La experiencia en la Perfilación Criminal no necesariamente pasa por la pertenencia a los Cuerpos y Fuerzas de Seguridad del Estado. Lo ideal sería el conocimiento y experiencia tanto operativa como académica. El conocimiento práctico de la delincuencia así como la formación académica es imprescindible para la conjugación y buen hacer en la Perfilación Criminal.

En cuanto a las habilidades personales, estas no son ni más ni menos que aquellas que se requiere a todo profesional que trabaje con y para la Justicia.

2. Pros y contras, verdades y mentiras de la Perfilación Criminal

En este apartado se van a analizar las verdades y mentiras acerca de la técnica de la Perfilación Criminal. Es importante conocer sobre todo las mentiras, ya que así se sabrá, como profesionales, cómo se debe actuar, y sobre todo cuando no se debe actuar, pues, como ya se ha dicho, la Perfilación elimina sospechosos o lo que es lo mismo, marca el camino a seguir. Si, por mala praxis, deshonestidad y poca profesionalidad, se realiza un perfil erróneo, dicho camino se torcerá. Y se trabaja para ayudar a atrapar delincuentes que, precisamente, no tienen una conducta normalizada.

Antes de entrar en materia sobre las "Verdades y mentiras", únicamente se hará mención a un concepto que se debe tener en cuenta y que acaba de ser mencionado. Se trata del concepto de normalidad. Se trata de una generalización ampliamente estudiada por la Sociología de la Desviación[4]. En este caso, se debe distinguir entre

---

[4] Rama de la Sociología que estudia el consenso de las normas

varios conceptos de normalidad, para poder contextualizar, en cada caso, en cual está el profesional. Así se encuentran:

Normalidad Jurídica. En este caso, se consideraría normal todo acto que no transgrediera las normas establecidas jurídicamente.

Normalidad social o estadística. Se entiende que dentro de la normalidad social están todos los actos y actores que la mayoría realiza. (Si se está estudiando una población de 100 individuos en donde 80 de ellos beben regularmente alcohol en la comida, dicho acto se entabla dentro de la normalidad estadística).

Normalidad psicológica. En dicha normalidad entraría todo aquello que la psicología, y sobre todo la psicopatología, encuadra como normalizado.

Una vez contextualizado dicho concepto, se continuará con las mentiras y verdades de la Perfilación Criminal. Se comenzará por analizar las mentiras que sobre ella se han dicho, y lo que es peor, se mantienen.

---

sociales centrándose en los actos, actores y conductas que se apartan de ellas, escapando al control social.

2.1. Mentiras

El Perfil Criminal señala al autor. Analizado ampliamente, se debe tener claro este concepto a la hora de comenzar a realizar un perfil. No se va a encontrar al agresor. Al terminar el perfil, el objetivo no es encontrar nombre y apellidos (en ocasiones puede que sí, si el perfil es claro y únicamente un sospechoso encaja en él), sino una relación de características conductuales, cognitivas, personales, geográficas y puede que incluso físicas.

También se tiene que tener en cuenta que el perfil es dinámico. Es decir, no es inamovible, puede cambiar, modificarse y/o evolucionar cada vez que se obtengan nuevos datos.

La Perfilación Criminal puede aplicarse a cualquier delito. Como se estudiará ampliamente, la Perfilación Criminal sirve para obtener una relación de características del autor de un hecho. Mejor dicho, de varios hechos. El método utilizado, *grosso modo*, es el de extraer de las escenas de los hechos patrones conductuales que se repitan, o no, y extraer de manera científica, conclusiones empíricas. Póngase un ejemplo.

La mayoría de las personas cuando se despiertan a diario, suelen tener una rutina de acción. Se levantan, se duchan, se visten, preparan el desayuno (que suele ser siempre el mismo), se ponen la chaqueta y se van. Cogen el coche, encienden la radio,... Una persona que observara durante un día, podría establecer qué hace todos los demás. Pero imaginen que justo ese día, debido a una reunión de trabajo, se debe levantar antes y no desayuna, tienen el coche en el taller y van en autobús,... En este contexto, dicha persona erraría en sus conclusiones. En cambio, si esta misma persona lo observara durante varios días, podría establecer con una probabilidad estadística más acertada, cuáles son los patrones de comportamiento normal y cuáles no. Incluso podría decir el por qué cambian esas conductas.

Esto es exactamente lo que sucede con la Perfilación Criminal. No puede aplicarse a un solo hecho, ya que el sesgo, tanto cognitivo como estadístico sería enorme. La Perfilación Criminal únicamente puede aplicarse con rigor científico en situaciones donde un hecho se ha repetido al menos 3 veces. Algunos autores dicen que dos, pero, teniendo en cuenta que un asesino serial no es catalogado como tal más que a partir de la tercera víctima con un periodo de enfriamiento entre ellos, se prefiere que sean 3. A partir del estudio de diferentes hechos, se podrán categorizar actitudes que se repiten, aquellas que no, y aplicar la Perfilación obteniendo los resultados esperados.

Un perfilador es un experto en todo. La falsa

creencia de que un perfilador con solo mirar a una persona es capaz de saber todo lo que piensa, como actúa,... es sencillamente eso, falsa. La intuición es un sesgo muy peligroso para cualquier persona. Cuando un sujeto "juega" ha adivinar cómo es con solo mirarlo, únicamente está realizando un ejercicio de intuición apoyado en "su" experiencia, que puede ser errónea. La mayoría de las veces fallará, o sus descripciones serán tan vagas que la mayoría de las personas con el perfil físico de la persona analizado entraría (por ejemplo, mirando un adolescente, decir que es una persona que se revela psicológicamente). Otro ejemplo se encuentra en los horóscopos diarios. Hágase la prueba, cojan un periódico en el que aparezca el horóscopo diario, pregunten a una persona cual es su signo, y a continuación lean otro contrario. Verá que está de acuerdo con él. Ya que en esas descripciones cualquier persona entra como norma general.

Además, el cerebro tiende a olvidar aquellas acciones en las que se falla y recuerda en un lugar privilegiado de la memoria aquellos aciertos que se vivirán como victorias. Cuando se oiga a alguna persona decir, *"yo siempre acierto, en cuanto veo a una persona sé reconocer "de qué pie cojea""*, es seguro que si se fuera capaz de saber cuántas veces ha fallado, la estadística sería más o menos de 90% fallos, 10% aciertos. Pero él, técnicamente no miente, ya que solo recuerda los aciertos. Este es un sesgo llamado error de confirmación, es decir, siempre intentar confirmar su propia teoría.

Por otro lado, y ya dejando claro que la Perfilación Criminal no es un ejercicio de intuición, existen personas que, por sus experiencias y confirmaciones[5] tienen una intuición más desarrollada. Al igual que existen personas (llamadas por Paul Ekman[6] "innatas") que son capaces de detectar la mentira mirando a la persona que tienen enfrente y no saben cómo lo hacen, también existen personas más intuitivas que pueden acertar en un número mayor que la media. Pero, en general, el Perfilador no debe ser una persona intuitiva sino un científico de la conducta criminal.

Otro dato a abordar que caracteriza este epígrafe, es que un Perfilador no debe saber de todo. Ya se ha analizado cual es el campo de actuación y la formación más adecuada que debería recibir el profesional. Esto no quita para que un

---

[5] Estudios científicos avalan que la intuición se basa en el escrutinio inconsciente de las experiencias vividas. En un experimento se observó que un surfista experimentado sabía reconocer las olas más "surfeables" sin saber muy bien el por qué. Mientras que el novato fallaba más en su elección. En el análisis posterior se concluyó que mientras analizaba las olas el surfista veterano repasaba de manera inconsciente las olas que durante su vida había surfeado de características similares y analizaba si habían sido buenas, malas,... Mientras que el novato no poseía tanta información. Por lo que podemos concluir que, la intuición será mayor cuantas más experiencias se tenga. Y que esta será más acertada cuantas más experiencias validadas se hayan vivido.
[6] Paul Ekman. Psicólogo americano experto en la "detección de la mentira" a través de la Comunicación No Verbal.

conocimiento de las ciencias forenses sea de gran ayuda en el desempeño de su trabajo. Pero, cuando el Perfilador llegue a un campo que no es el suyo lo normal es que se apoye en otro profesional. El trabajo de perfilación con un equipo multidisciplinar es la mejor opción. No existe el perfilador televisivo que lo tiene todo.

La Perfilación Criminal es una técnica psicológica. Existe la creencia de que la Perfilación Criminal se encuadra dentro de la hermenéutica psicológica. Muchas ciencias han querido apoderarse de dicha técnica, cuando en realidad, si debiese pertenecer a una sola, pertenecería, y desde nuestro punto de vista pertenece, a la Criminología, puesto que, esta ciencia tanto multidisciplinar como interdisciplinar pero a la vez con metodología propia es la que más aporta a la técnica de la Perfilación Criminal.

En gran medida, la Perfilación Criminal en una de sus vertientes (se analizarán todas en los tipos y métodos) es casi en su totalidad estadística, elaborando por métodos cualitativos y cuantitativos leyes para aplicar en la investigación de campo. Estos datos son de carácter criminológico y crimigenio. La Psicología tiene una aportación a la Perfilación sobre todo diagnóstica y psicopatológica, es una aportación más al conjunto de materias que engloba la Perfilación Criminal. Dentro de la Psicología existe la Psicología Investigadora, que mediante el análisis y estudio de sus hipótesis aporta información relevante en dichos campos. Como se ampliará en apartados posteriores, la Perfilación Criminal nació del conocimiento de la Psicología y sobre todo de la Psiquiatría, pero en la mayoría de los casos se limitaba a concluir si el autor de los hechos tenía o no una enfermedad mental. Desde entonces hasta hoy, la Perfilación Criminal es una técnica más depurada, con una metodología de trabajo más clara y un prisma teórico-práctico.

Es única y excluyente. La Perfilación Criminal no resuelve casos por sí misma. Es transversal a todas las demás ciencias forenses, lo ideal para resolver con éxito un caso es que los perfiladores trabajen junto a las unidades de Policía Científica, investigadores, Policía Judicial, académicos,…

La Perfilación es un trabajo constante y arduo, donde deben conectarse, interpretarse y no solo aprehenderse una gran cantidad de datos. Se trata de utilizar la metodología científica de manera lógica e ir concluyendo con aquello que es útil conocer. La correlación y contraste de datos de la Perfilación con datos forenses, etc, dan una gran solidez a la investigación y crece exponencialmente el cumplimiento de la acción.

Se analizan ahora las verdades acerca de la Perfilación Criminal.

2.2. Verdades

La Perfilación Criminal utiliza metodología científica. Toda ciencia y/o técnica que espere obtener resultados empíricos, válidos y objetivos debe basarse en el método científico.

El método científico es un proceso destinado a explicar fenómenos, establecer relaciones entre los hechos y enunciar leyes que expliquen estos fenómenos, válidos, validables y universales. El método científico está compuesto de varios pasos que deben seguirse en un orden y completa rigurosidad. Estos son:

Observación: investigación o recolección previa de datos relacionados con el tema a investigar, los cuales se analizan y organizan, de forma que ofrezcan información confiable que lleve al siguiente paso.

Proposición: establecer la duda que se quiere resolver o aquello que se desea estudiar.

Hipótesis: la posible solución o respuesta que se desee comprobar y que se base en una suposición apoyada por la investigación. Puede ser o no verdadera y, mediante los siguientes pasos, se trata de demostrar su veracidad o no.

Verificación y experimentación: se trata de probar o desechar la(s) hipótesis mediante la experimentación o aplicación de investigaciones válidas, validables y objetivas.

Demostración o refutación de la hipótesis: se analiza si ésta es correcta o incorrecta, basándose en los datos obtenidos durante la verificación.

Conclusiones: se indica el por qué de los resultados, enunciando las teorías que pueden surgir de ellos y el conocimiento científico que se genera mediante la aplicación correcta del método.

Es por ello que basándose en el método científico, la Perfilación Criminal, sobre todo el Perfilador, podrá superar los sesgos y posibles errores, y llegar a conclusiones totalmente válidas.

Ofrece información fidedigna. Siempre que no exista ningún sesgo de error en el perfil, la información que este aporta será totalmente fidedigna. En el primer apartado de las MENTIRAS se ha mencionado el dinamismo del perfil. Esto no hace referencia a que, con cada nueva información cambie el perfil, sino más bien que evolucione. Es decir, se va ampliando más que cambiando. Se va especificando más que englobando. De datos más macro se pasa a micro. Detalles. Y estos detalles son los que separan la Perfilación de la mala intuición.

Existen sesgos que pueden llevar al fracaso.

Errores en la puesta en marcha del método científico pueden llevar al fracaso de la realización de un perfil y por consiguiente de toda la investigación.

1. Errores en el enunciado de las hipótesis.

2. Imposibilidad de contrastar los resultados.

Teoría de la autoconfirmación: Buscar aquello que, de manera previa a la investigación, se prejuzga. Cuando se llegue a una escena del crimen, o se analicen fotografías de la misma, se debe comenzar por no tener ningún tipo de idea preconcebida, para no caer en la teoría de la autoconfirmación.

Teoría de la relación casual: Se basa en la creencia de que todo lo que se encuentre tiene conexión.

3. Historia de la Perfilación Criminal

Los comienzos de la Perfilación Criminal no son fácilmente detectables. La Perfilación como técnica a día de hoy sigue desarrollándose, aunque a lo largo de la Historia de la Criminología existen varios personajes que deben ser analizados y conocidos por la aportación de sus estudios, ideas y pensamientos a lo que hoy se estudia y pone en marcha.

Todo Perfilador y todo Criminólogo debe conocer, al menos a grandes rasgos, la figura de Césare Lombroso, quién, con sus teorías hoy superadas, es considerado por muchos el fundador de la Criminología como ciencia, o de la llamada Criminología Positiva.Lombroso nació el 6 de noviembre de 1835 en Verona, ocupó las cátedras de Medicina Legal e Higiene, de Psiquiatría y de Antropología Criminal en la universidad de Turín.
Escribió *"El hombre delincuente"* (1876) y *"La mujer delincuente"* (1893), donde sostuvo que la criminalidad representa un fenómeno biológico producto de la degeneración, identificable a partir de la fisonomía, induciendo la creación de una escuela de Antropología Criminal, de donde se desarrolló la Criminología. Afirmaba que algunos criminales representaban un retroceso a etapas pasadas y más primitivas de la evolución del ser humano. Según él, estos criminales natos eran distinguibles por la presencia de una serie de anomalías físicas y mentales.

Entre sus obras destacan: *"El genio y la locura"* (1864), *"L'antisemitismo e le scienze moderne"* (El antisemitismo y la ciencia moderna, 1894), *"El crimen, causas y remedios"* (1899) y *"Los fenómenos de hipnotismo y espiritismo"* (1909). En cuanto a la clasificación que hizo de los delincuentes y por lo cual se le recuerda[7] es la siguiente:

---

[7] Césare Lombroso tuvo, además de las aportaciones en el campo

El criminal Nato (Atávico): Lombroso, al examinar distintos delincuentes, llegó a la conclusión de que el criminal no es un hombre común si no que por sus característicos rasgos morfológicos y psíquicos, constituye un tipo especial. Este criminal, según Lombroso, presenta signos de inferioridad orgánica y psíquica como:

- Menor capacidad craneana.
- Mayor diámetro bizigomático.
- Gran capacidad orbitaria.
- Escaso desarrollo de las partes anteriores y frontales.
- Contraste con el gran desarrollo facial y maxilar (pragmatismo).
- La insensibilidad moral y la falta de remordimientos.
- La imprevisión en grado portentoso.
- Una gran impulsividad.

Delincuente Loco Moral. Según Lombroso es el estado psicopatológico que impide o perturba la normal valoración de la conducta desde el punto de vista moral, pero dejando subsistente la capacidad cognoscitiva (proceso de pensamiento) y volitiva (voluntad de actuar). La descripción que

---

de la clasificación de delincuentes, otras aportaciones a la investigación antropológica criminal como fue un estudio de los tatuajes realizado a los soldados mientras ejerció como médico militar en el ejército del Piamonte. Además, lo que pretendía no era clasificar "tipos de delincuentes" sino un criterio diferencial entre enfermo mental y delincuente.

Lombroso da de este loco moral es la siguiente:

1. Son sujetos de peso de igual o mayor a la normal.
2. El cráneo tiene una capacidad igual o superior a la normal, y en general no tiene diferencia con los cráneos normales.
3. La sensibilidad psíquico- moral es, por lo tanto, una sublimación de la sensibilidad general.
4. Son personas antipáticas que no conviven casi con nadie, odian con o sin motivos.
5. Son hábiles en la simulación de la locura.
6. Es muy vanidoso, es propio de los criminales natos como de los locos morales, vanidad morbosa, para hacer de su vida algo muy elegante.
7. Son personas bastante excitables, crueles, indisciplinados, etc.
8. Es excesivamente egoísta pero a pesar de eso es altruista, aunque solo sea una forma de perversión de los afectos.

Delincuente Epiléptico: Individuo que sufre de epilepsia y comete a causa de esta enfermedad un delito. Generalmente cometen delitos violentos. Una característica de estos delincuentes es que siempre utilizan armas blancas para cometer delitos violentos. Las características en los criminales epilépticos son:

1. Destructividad.
2. Tendencia al suicidio.
3. Cambios de humor.

4. Amnesia.
5. Vanidad.
6. Doble personalidad para escribir.

El Delincuente Loco: El delito en éstos no es más que un episodio en su anomalía mental, es considerado criminalmente inimputable. En esta clase de delincuentes se considera al alcohólico y al histérico. Además Lombroso hace una diferencia entre los delincuentes locos y los locos delincuentes, siendo los locos delincuentes los enfermos dementes, sin capacidad de entender o de querer, que cometen algún crimen sin saber lo que hacen, en cambio el delincuente loco es el sujeto que ha cometido un delito y después enloquece en prisión.

El Delincuente Ocasional: A los delincuentes ocasionales Lombroso los divide en pseudo-criminales y criminaloides.

a) DELINCUENTES PSEUDO-CRIMINALES: Están constituidos en los siguientes subgrupos:

1. Aquellos que cometen delitos involuntarios, que no son reos a los ojos de la sociedad y de la Antropología, pero no por eso son menos punibles.
2. Los autores de delitos, en los cuales no existe ninguna perversidad, y que no causan ningún daño social, pero que son considerables ante la ley, y aunque no parezcan para nosotros delitos lo

son, algunos se cometen por necesidad o por dura necesidad.

3. Los culpables de hurto, de incendio, heridas, duelos, en determinadas
circunstancias extraordinarias, como la defensa del honor, de la persona, de la subsistencia de la familia etc.

4. Se encuentran también en los delitos de falsedad.

b) CRIMINALOIDES: Son aquellos en que un incidente los lleva al delito, sujetos con cierta predisposición, pero que no hubiera llegado al delito de no haberse presentado la oportunidad, la ocasión hace al ladrón.

1. La imitación.
2. La cárcel como está ahora es la ocasión para asociarse al crimen.
3. Finalmente están los que son apresados por engranajes de la ley.

Delincuentes Pasionales: Para Lombroso un delincuente pasional no puede ser un delincuente loco, tampoco tienen aspecto atávico, ni epilepsia, ni locura moral, por lo tanto tiene que ser un sujeto con otras características, y estas son:

1) Rareza (5 a 6 %) entre los delitos de sangre.
2) Edad entre 20 y 30 años.
3) Sexo: 36 % de mujeres, el cuádruple de los demás delitos.

4) Cráneo sin datos patológicos.
5) Belleza de la fisonomía, casi completa ausencia de caracteres, que se notan tan frecuente en criminales y locos.
6) A la belleza del cuerpo responde la honestidad del alma.
7) Afectividad exagerada.
8) Anestesia momentánea en el momento del delito.
9) Conmoción después del delito.
10) Suicidio o tentativa de este inmediatamente después del delito.
11) Confesión: al contrario de los delincuentes comunes, no oculta el propio delito, lo confiesan a la autoridad judicial como para calmar el dolor y el remordimiento.

La Delincuente Femenina: Lombroso sospechaba que las mujeres destinadas a cometer crímenes desarrollaban una fuerza inusual, en tanto que las prostitutas se dedicaban a este comercio debido a su particular belleza. Tales planteamientos resultan difíciles de reconciliar con la observación directa, y Lombroso, tras años de estudiar fotografías de delincuentes femeninas, de medir sus cráneos y cuantificar sus bíceps y tatuajes, se encontró prácticamente donde había empezado. Los signos inequívocos de degeneración, como deformaciones craneales o hirsutismo simiesco, se manifestaban en muy contadas ocasiones. Con el tiempo, Lombroso cayó en la cuenta de que las delincuentes femeninas mostraban menor cantidad de signos de degeneración por la simple razón de que eran menos evolucionadas que los hombres. Con lo cual, las mujeres primitivas resaltaban menos entre los restantes miembros de su sexo. Dedujo que, puesto que las mujeres son, por naturaleza, más sumisas ante la ley que los hombres, la infrecuente criminal femenina ha de ser genéticamente masculina. Por ende, las mujeres condenadas sufrían un doble ostracismo: el legal y el social. Lombroso dice: *"En consecuencia, esta doble excepción hace de la mujer criminal un verdadero monstruo"*.

Se puede decir que esta es la primera aportación científica al estudio criminal y a la Perfilación Criminal, aunque, a modo de reseña y curiosidad, puede comentarse que la primera mención a un perfil no se tiene en el ámbito académico, policial o científico, sino en la literatura de ficción, ya que, en 1841, aparece la obra de Edgar Allan Poe titulada *"Los asesinatos de la Calle Morgue"*, en donde el autor, dotando al protagonista de unas cualidades personales increíbles (es decir, cumpliendo el perfil de perfilador desarrollado actualmente por muchas películas y series de TV) realiza perfiles de asesinos.

En 1888 el Dr. George Philips publica un estudio en el que se menciona la Perfilación Criminal como posible técnica. En este caso, el Dr. Philips no trata de crear una técnica, sino que de manera indirecta sienta las bases de lo que será en el futuro, ya que en su trabajo relaciona perfiles de personalidad basándose en las heridas provocadas a la víctima por el autor. Este modelo será conocido como método "herida-perfil" o "método-herida". A día de hoy, cualquier patólogo forense podrá dilucidar el mayor o menor empleo de violencia basándose en la herida, su desarrollo, cómo se produjo,... pero el estudio sentó las bases para un modelo de organización científica.

Otro personaje relevante en la clasificación de delincuentes es el Dr. Ernest Kretschmer (1888-1964), fue un Psiquiatra alemán. Las obras que más interesan a la Perfilación Criminal se titulan *"Complexión y carácter. Investigaciones sobre el problema de la constitución física y la teoría de los temperamentos"*, publicada también con los títulos *"Figura y carácter"* (1926) y *"Constitución y carácter"* (1947), donde expuso la clasificación biotipológica que lleva su nombre, que establece una correlación entre los tipos morfológicos y los caracteres, y apunta la existencia de una propensión a determinadas enfermedades nerviosas en función del biotipo.

La aportación a la Perfilación Criminal del Dr. Kretschner fue su descripción de los tipos de temperamentos y los tipos de personalidad.

Tipos de Temperamentos

1. Sanguíneo. personas vivaces y entusiastas.

2. **Coléricos.** irritables.
3. **Melancólicos.** Depresivas.
4. **Flemáticos.** Indiferentes, apáticas.

Estos temperamentos estaban relacionados con los tipos de personalidad.

Tipos de Personalidad

1. **Pícnicos.** Son personas generalmente con sobrepeso, sociables, alegres y extremidades cortas.
2. **Leptosomáticos.** Son personas delgadas y altas.
3. **Asténicos.** Generalmente son personas de bajo peso, poco sociables, callados y extremidades largas.
4. **Atlético.** Son personas fuertes, poseen gran desarrollo muscular, violentos y explosivos.
5. **Displásicos o mixtos.** Poseen los tres Tipos de personalidad antes mencionados, confunden su identidad sexual.

Al igual que Lombroso, cada tipo de personalidad se relacionaba con un tipo de delito (Atléticos con crímenes de sangre violentos,...).

A partir de aquí, y hasta la aparición de la técnica de la Perfilación Criminal como método de investigación policial utilizada por el F.B.I., la mayor parte de la aportación fue realizada por psicólogos y psiquiatras, que, más basados en metodología clínica y diagnóstica, aportaban sus conocimientos, más dando información a las autoridades que elaborando perfiles. Pero, fue el comienzo de la

Perfilación Criminal como técnica, el nacimiento de una nueva herramienta de investigación.

A pesar de ser un clásico dentro de la Historia de la Perfilación Criminal, todo profesional debe conocer lo que muchos autores y perfiladores catalogan como el primer Perfil Criminal de la Historia de la Criminología y de la investigación policial. Se trata del caso del "Loco de las bombas", en el cual el Dr. Brussell realizó, a petición de la Policía de Nueva York, un perfil sobre un delincuente que estaba haciendo explosionar bombas por toda la ciudad, y del cual la Policía no tenía ninguna pista a seguir.

La Policía de Nueva York visitó, tras no tener pistas que seguir de un delincuente que ponía bombas por toda la ciudad (muchas veces dichas bombas no explotaban o tenían fallos, en total de todas sus bombas únicamente hubo 15 heridos) al Dr. Russell, psiquiatra de enfoque psicoanalista, para que elaborara un perfil.

Después de estudiar las fotografías que la policía le enseñó y las diversas cartas que había mandado a diferentes medios de comunicación, firmadas por las letras F.P., realizó el siguiente perfil.

1. Se trataba de un varón de mediana edad entre 40 y 55 años.
2. Tenía una vinculación probablemente laboral con la compañía *Con. Edison* (a la cual mencionaba en sus cartas y puso varias bombas).

3. Sufría paranoia, lo trató como enfermo mental.
4. Viviría con su madre o con mujer de su familia (nada de novia, posiblemente virgen).
5. No tendría ningún tipo de relación sentimental.
6. Sería obsesivo y meticuloso. Su casa estaría perfectamente ordenada. Obsesivamente ordenada.
7. Sería eslavo.
8. Tendría afecciones cardiacas.
9. Y en el momento de la detención, llevaría un traje cruzado abotonado.

La Policía de Nueva York era un poco escéptica con el perfil, pero lo utilizaron en su investigación, y, mirando los archivos de la empresa *Con. Edison*, llegaron hasta George Metesky, que encajaba casi perfectamente con este.

1. Era un varón de 54 años.
2. Fue trabajador de la compañía *Con. Edison*, después de un accidente laboral sufrió enfermedades pulmonares derivadas de ella y fue expulsado sin ningún tipo de prestación.
3. Vivía con sus hermanas mayores.
4. Tenía un taller ordenado de manera impecable, obsesiva.
5. Estuvo ingresado por un trastorno paranoide del que se supone estaba "curado".
6. Fue detenido en su casa por la noche. Estaba en pijama, y antes de trasladarle a la comisaría le pidieron que se vistiera, al volver vestía un traje cruzado perfectamente abotonado por lo que los

agentes se quedaron estupefactos.

Ahora, ¿Cómo llegó Brussel a tal conclusión? El Dr. Brussel dijo al inspector Howard Finney que trataría el tema como si fuera un paciente (se ve aquí el paradigma antes analizado. No se trata de realizar un perfil sino de diagnosticar y deducir), así que esto fue su línea de pensamiento.

1. Era una persona obsesionada patológicamente con la empresa *Con. Edison*, por lo que alguna vinculación tenía con ella, la más normal estadísticamente, que fuera un exempleado.
2. Dicha patología sería paranoide, teniendo en cuenta la edad de la población activa y que dicha enfermedad tarda unos años en desarrollarse, calculó la edad.
3. Realizó un análisis grafológico a las cartas manuscritas, obteniendo información acerca de sus instintos sexuales (contó que hacía la letra "W" de una determinada manera que simulaban dos pechos[8]), así como observó una violencia extrema cuando rasgaba ciertos objetos para introducir bombas, lo que Brussel, psicoanalista, relacionó con impulsos sexuales.
4. Las bombas era un medio criminal más arraigado en Europa, por lo que supuso que tenía orígenes europeos.

---

[8]Como nota personal deseamos añadir que el análisis grafológico tuvo que ser más extenso que la letra "W", ya que dicha letra no es refleja de nada (las pulsiones sexuales se estudian de otra manera), por lo que fue más un acierto que un estudio. Una letra puede dar información, pero no tan precisa. *N.A.*

5. Muchas cartas se echaron en el condado de Westchester, con gran mayoría eslava.

6. Las cartas no estaban escritas en un inglés perfecto, sino que parecía que habían sido pensadas en un idioma y traducidas mentalmente.

7. En cuanto a la vestimenta, lo cual pasó a la historia de la Criminología, él mismo en sus memorias[9] dice que se dejó llevar por la imaginación. El perfil encajaba con una persona obsesiva, meticulosa y muy conservadora en todos sus aspectos, también en su forma de vestir (durante la II Guerra Mundial, no puso bombas, es más, avisó que no las pondría, por lo que dedujo su patriotismo y respeto por la contienda), y en aquel momento, un traje cruzado abotonado, era símbolo de pulcritud y conservadurismo.

Como se puede observar, en muchas de sus aclaraciones el Dr. Brussel arriesgó llevando a cabo una lógica intuitiva, que en la mayoría del perfil acertó. A pesar de todo, este perfil está rodeado de cierta ampulosidad, ya que probablemente no fue todo tan "intuitivo" como lo pintan, pero de lo que no cabe duda es que fue el primer gran perfil y el que dio popularidad y "curiosidad" científica para el progreso de la técnica.

A pesar de todas estas aportaciones, La Perfilación Criminal no fue internacionalmente conocida hasta que fue puesta en marcha de manera sistemática por el F.B.I. mediante la Unidad de Ciencias del

---

[9] Tituladas "Casebook of a crime psychiatrist".

Comportamiento. El F.B.I. puso en marcha un estudio para la investigación de personalidades criminales, llevado a cabo por las cárceles de Estados Unidos, entrevistando a diferentes criminales con el fin de buscar patrones similares y aplicarlos a futuros casos. Fue el agente Ressler (antes estudiado) el pionero de este programa. De aquí nació la tan conocida tipificación del F.B.I. de asesinos organizados/desorganizados, y comenzó a desarrollarse la técnica de la Perfilación Criminal como método de investigación policial. A pesar de que las teorías y sistemáticas desarrolladas por esta Unidad han tenido varios detractores y multitud de críticas por su falta de metodología, empirismo,... Es indudable la importancia que el F.B.I. y más específicamente los agentes de la Unidad de Ciencias del Comportamientos tienen en el desarrollo de la Perfilación Criminal.

TEMA 2. TIPOLOGÍAS DE LA PERFILACIÓN CRIMINAL

En el tema 1 se ha explicado que la Perfilación Criminal es una técnica científica aplicada en ámbitos forenses. La siguiente pregunta que se debe hacer es ¿Cómo se aplica? Durante mucho tiempo se ha acusado a la Perfilación Criminal de ser más que una técnica, un arte, incluso una mancia sin poca base objetiva, y todo ello porque no había una sistemática de análisis, de planificación, organización y desarrollo.

Así que, en ámbitos empíricos, únicamente existe una manera de aplicar una técnica y/o método con las garantías de que la sistemática es la adecuada para alcanzar nuestros fines de manera fiable, y es la aplicación del método científico.

¿Qué es el método científico? Como ya hemos mencionado, es un proceso destinado a explicar fenómenos, establecer relaciones entre los hechos y enunciar leyes que expliquen fenómenos físicos del mundo y permitan obtener, con estos conocimientos, aplicaciones útiles al hombre[10]. Uno de los aspectos más importantes utilizados por la metodología empírica es la validez de sus resultados, y esto se explica ya que todo hecho sometido al método debe ser validable, para ello, se puede decir que "*Todo experimento llevado a*

---

[10] Ampliación del análisis hecho en el Tema 1.

cabo bajo las mismas circunstancias, obtendrá idéntico resultado".

Lógicamente para llegar a dicha conclusión existe una sistemática que debe ser aplicada en todos los casos, se vuelve a repasar aquí esta secuencia para poder exponer en detalle todas sus fases:

Estudio de la realidad, o lo que es lo mismo, observación de esta. Esto quiere decir detectar, obtener y analizar un hecho u objeto que se estudiará mediante información recabada (conocimiento).

Realización de hipótesis. En este estadio del análisis científico se llevarán a cabo las "*hipótesis de trabajo*". Estas hipótesis deben contemplar todas las posibilidades con las que se haya de trabajar y por ende, todos los resultados de la misma. Por ejemplo, si se estudia la mezcla de colores, y se quiere saber cómo obtener el verde, las hipótesis de trabajo podrían ser algo así como:

1) *"Al mezclar rojo y negro se obtendrá verde".*
2) *"Al mezclar blanco y azul se obtendrá verde".*
3) *"Al mezclar azul y amarillo se obtendrá verde".*

Una vez realizadas dichas hipótesis no queda más que comprobarlas. Existe una falsa creencia, sobre todo en estudios cuantitativos, que nos lleva muchas veces a cometer errores de concepto y estructuración. En ocasiones, sobre todo cuando se trabaja con hipótesis complejas, después de enunciarlas y sobre todo de comprobarlas, ninguna se cumple, y el investigador da por "malo" el estudio, cuando esto no es así. Es totalmente lícito y válido que ninguna de las hipótesis se cumpla, y esa debe ser la conclusión. Y a partir de ahí, o buscar nuevas hipótesis o sentenciar que las analizadas no son válidas y no se pueden comprobar.

Fase de experimentación. Es la fase más práctica y más complicada del proceso, se trata de poner en marcha las acciones para comprobar, o no, las hipótesis de trabajo. Es en ella dónde el investigador debe aplicar todos sus conocimientos para llegar a conclusiones adecuadas, científicas y empíricas.

Es en esta fase del proceso en donde el investigador experto en la realización de Perfiles Criminales se encuentra con problemáticas y dificultades derivadas de la esencia de la investigación, y es que, lejos de ser una ciencia de las conocidas como exactas, la Perfilación Criminal es lo que podría denominarse una "Técnica Social", que trabaja con comportamientos, pensamientos, intenciones,… es decir con personas, y pueden surgir cuestiones difíciles de evitar, pero que, para la consecución de los objetivos deben ser evitados a toda costa, estos son los prejuicios y las ideas preconcebidas.

Al enfrentarse a una escena de un hecho delictivo se debe acudir sin prejuicios ni ideas preconcebidas, pues en la mayoría de los casos se encontrará ante una escena (o fotografías de la misma) que despertará en el perfilador ciertos sentimientos, normalmente negativos, que pueden interferir en la investigación. Es por ello que se debe evitar este tipo de pensamientos, tomarse el tiempo necesario para ello y continuar desde una perspectiva totalmente neutral, aunque cueste, ya que si no, no se adaptará la teoría a los hechos, sino los hechos a la teoría y se cometerá el error conceptual más grande que puede cometer un investigador.

Una vez aquí es incontestable hacer mención a uno de los paradigmas de la Perfilación Criminal que todo profesional debe tener en cuenta a la hora de comenzar sus investigaciones y es la siguiente máxima que ahora se explicará y a lo largo del manual se detallará:

"Toda acción por muy cruel, odiosa o macabra que nos parezca, es fuente de excitación para su autor".

Cuando esta sea la idea principal con la que se acomete la investigación, el investigador será capaz de comenzar sin prejuicios. Esta afirmación es la base para todo punto de partida, y a lo largo del manual se detallará ¿Qué tipo de excitación?, ¿Es siempre sexual?, ¿Por qué tanta crueldad?,...

Una vez analizadas las entrañas sistémicas del método científico se deberá profundizar en los métodos que utiliza la Perfilación Criminal para desarrollar el cientifismo que se exige a la técnica. Básicamente se trata de dos, el método deductivo y el método inductivo.

La aplicación de ambos métodos es el argumento validable que supera aquello que se trató en el tema 1 sobre los mitos que otorgaban cualidades excepcionales a los perfiladores televisivos. La utilización de la deducción o inducción recrea una sistemática científica que otorga el empirismo necesario a la técnica de la Perfilación Criminal.

Método Deductivo. Para explicarlo de manera esquemática, la deducción trata de obtener información científico de hechos específicos y trasladarlos a hechos y teorías generales. En Criminología, y más concretamente en Perfilación Criminal sería algo así como obtener de las pruebas la teoría general. Por ejemplo, al encontrarse en una escena del crimen con un cadáver que presenta:

1. Amputación de mano izquierda quirúrgicamente realizada.
2. Amputación de mano derecha quirúrgicamente realizada.
3. Extracción del bazo y apertura cosida perfectamente.

Con estos hechos específicos se podría deducir que el autor tiene conocimientos médicos (hecho general).

Método Inductivo. El método inductivo realiza el camino contrario, de los hechos generales se deducen los específicos. Utilizando el mismo ejemplo que en el caso anterior, un estudio trabajaría con la hipótesis siguiente:

"Los autores de asesinatos con conocimientos médicos, aplican las técnicas aprendidas en su profesión antes que otras más atávicas pero más rápidas (como la amputación con armas cortantes tipo hacha)".

Una vez realizada la hipótesis de trabajo (idea general), se estudia la muestra de asesinatos en los que el autor tenía conocimientos médicos y se comprueba uno por uno (idea específica) si es cierto que, por ejemplo, las amputaciones se llevaban a cabo con instrumental quirúrgico, de manera ordenada, como en un quirófano,... y entonces se valida, o no, la hipótesis de trabajo.

¿Cuándo se aplican ambos métodos? No es difícil deducir que ambos métodos, teniendo el mismo objetivo, se desarrollan en diferentes fases y con diferentes enfoques.

Así, el método deductivo se utiliza en la investigación de campo. Es la metodología utilizada por los agentes de los diferentes CC.FF.SS. así como los Criminólogos expertos en la elaboración de perfiles.

Y el método inductivo es el más utilizado en ámbitos académicos, puesto que su metodología permite llevar a cabo estudios con muestras a un mayor nivel. Se podría decir que el método inductivo estudia y analiza y el deductivo plasma, practica.

Para ejemplificar de manera práctica ambos métodos, se va a analizar bajo el prisma del trabajo diario, por un lado (deductivo) el trabajo actual del F.B.I. (*Criminal Investigation Analyse*) y por otro el del profesor Brent Turvey y los estudios académicos del Dr. Canter y Cia. (inductivo).

1. El F.B.I., el pionero policial del *Criminal Profiling*

A pesar de que se profundizará el trabajo del F.B.I. como metodología deductiva, no siempre fue así, tal y como se ha estudiado en el tema anterior, el agente Robert K. Ressler fue el pionero en la Perfilación Criminal dentro del F.B.I. así como de su aplicación y sistemática inductiva primero y deductiva después.

Ressler comenzó su andadura en la Perfilación Criminal sin ninguna base ni datos contrastados y validados para poder crear un perfil acorde a la metodología científica. Así que, lo que comenzó a hacer es realizar una investigación a lo largo de la mayoría de las prisiones de Estados Unidos, entrevistándose con diferentes tipos de condenados, por diferentes tipos de asesinato, para sacar patrones comunes que le sirvieran luego en sus investigaciones de campo. Así se creó la primera, podría decirse, base de datos científica de la Perfilación Criminal. Así nació la Unidad de Ciencias del Comportamiento del F.B.I.

No se debe dejar pasar la crítica real de que, en su proceso investigativo, cometieron graves y grandes fallos al aplicar de manera no muy empírica las diferentes técnicas (tanto cualitativas como cuantitativas) de las Ciencias Sociales. Una de las más duras críticas, y con razón, que se les ha hecho, es que la muestra elegida no era representativa. Entrevistaron a menos de 40 individuos, por lo que la generalización inductiva carecía de base estadística para poder aplicarse en Estados Unidos.

Otra crítica era la falta de criterio científico a la hora de estructurar las entrevistas cognitivas que se realizaban a los sujetos, sin ningún tipo de sistema ni evaluación validada.

No obstante, no se puede dejar de mencionar la gran importancia que este análisis tuvo y tiene dentro de la Perfilación Criminal. De estos estudios nació la gran teoría de los asesinos organizados y desorganizados. Básicamente, la Unidad de Ciencias del Comportamiento dividía a todos los asesinos en dos tipos:

1. Los organizados, identificados como sujetos psicópatas.
2. Los desorganizados, identificados como sujetos psicóticos[11].

Esta división ha sido objeto de grandes críticas, y aunque de manera general se está superando, sigue siendo la base de toda Perfilación Criminal.

Aquí cabe mencionar qué hace un perfilador en la escena del crimen. Un criminalista analiza e investiga los restos biológicos, documentales,… en fin, materiales de una escena, ya que, según la teoría de Locard[12] *"en cada paso que damos dejamos una huella imborrable"*, pero al igual que cuando se pasa por algún sitio se deja la pisada, nuestra huella dactilar, nuestro ADN, … la Perfilación Criminal y el perfilador basan su búsqueda en que también se dejan emociones, pensamientos, sentimientos y conductas que el autor plasma en lo que acaba de hacer.

Basándose en esto, el profesor Turvey creó el denominado *"Behavioral Evidence Analysis"* el cual

---

[11] Ambos tipos serán ampliamente estudiados en el siguiente tema (TEMA 3).
[12] Criminalista francés (1877-1966).

estudia las evidencias de conducta mediante el método deductivo tanto de la escena como de la Perfilación.

El estudio debe centrarse en cada caso individual, sin prestar atención a generalidades que no entren en sus principios.

"Los principios sobre los que se asienta (...) son (Turvey 2008):

Principio de unicidad: *Los individuos se desarrollan únicos a través del tiempo como respuesta a sus factores biológicos, ambientales y psicológicos. Cada individuo nace con su perfil y su temperamento.*

Principio de separación: *Víctima y agresor no deben ser tratados como un espejo. El perfilador debe ser consciente del hecho de que las víctimas y los agresores actuarán independientemente a como lo haría él, ya que son individuos distintos. El perfilador debe evitar hacer un perfil que se parezca más a él que a la víctima o al agresor.*

Principio de conducta dinámica: *El comportamiento del agresor, incluyendo el modus operandi, no es estático, puede evolucionar o involucionar a lo largo del tiempo. En ese cambio influyen muchos factores, tanto del propio agresor como de las respuestas dadas por la víctima. Las escenas del crimen de un mismo agresor no tiene por qué ser iguales, influyen factores de aprendizaje,* experiencia, deterioro mental, uso de drogas,...

Principio de conducta motivada: *Ningún acto se realiza sin motivación. Toda conducta tiene causas y orígenes subyacentes. Estos orígenes pueden ser conscientes o inconscientes, pueden resultar de un razonamiento brillante o incompetente.*

Principio de multideterminación: *La conducta es compleja y multideterminada. Una simple conducta puede servir a múltiples objetivos y propósitos y obedecer a una combinación de motivos. Una misma conducta en un agresor puede tener un motivo que sea distinto a la misma conducta en otro agresor.*

Principio de motivación dinámica*: Un agresor obedece a múltiples motivos en la comisión de una agresión o de varias agresiones.*

Principio de variación de conducta: *Diferentes agresores pueden realizar la misma o similar conducta por motivos completamente diferentes.*

Principio de consecuencias indeseadas: *No toda conducta tiene el resultado esperado. Se debe valorar si el resultado es el que deseaba el agresor o no antes de relacionarlo directamente con la intencionalidad de éste.*

Principio de memoria corrupta: *Se refiere al hecho de que los testigos no son totalmente veraces por una serie de razones. La memoria es limitada,* *se ve afectada por procesos de construcción, uso de drogas,... por no hablar de que a veces mienten acerca de lo que vieron u oyeron. Hay por tanto que comprobar la información aportada por los testigos.*

Principio de fiabilidad: *El examen forense y el perfil criminológico son solo fiables si están basados en el razonamiento y en las evidencias. No es fiable si están basados en opiniones o en conclusiones no científicas"*[13].

Como se puede observar, estos principios son un resumen de lo que se debe aplicar en una investigación con el objetivo de realizar un Perfil Criminal para llegar a conclusiones válidas y científicas.

2. La Perfilación académica. Perfil Geográfico

Dentro de la Perfilación Criminal que podría denominarse académica, debe ocupar un lugar predilecto el Dr. D. Canter (1944). Doctor en Psicología, llegó por casualidad al ámbito de la Perfilación Criminal cuando fue requerido por la Policía para asesorar sobre un caso de violación serial. Hasta entonces su especialidad era la Psicología Ambiental. A él se debe el mayor desarrollo de la teoría del Perfil Geográfico.

---

[13] "Manual práctico del perfil criminológico (Criminal Profiling)". Jorge Jiménez Serrano. Lex Nova. 1ª Edición. 2010.

El aporte más pragmático y más utilizado dentro de la Perfilación Criminal en general y el Perfil Geográfico en particular es la llamada "Hipótesis del Círculo". Esta teoría desarrolla el siguiente hilo de pensamiento. Cuando se debe analizar y/o se quiere establecer el Perfil Geográfico de un agresor serial, se debe indicar en un mapa todos los lugar donde ha cometido sus actos (en principio no se entrará a detallar las diferentes zonas, que no tienen por qué coincidir entre ellas, de un hecho serial como son la "zona de caza", donde atrapa a sus víctimas, la zona de realización, donde realiza sus actos con la víctima y la zona de suelta, donde se encuentra a la víctima,...).

Tomando como referencia los dos lugares más alejados, se traza un círculo en donde, dentro de este no se haya cometido ningún acto (no tiene por qué coincidir con el centro) y ahí se encuentra la "zona de seguridad" del agresor.

Llegados a este punto el perfilador se encuentra con una cuestión fundamental que debe ser aclarada. Y es que dicha "zona de seguridad" no se corresponde obligatoriamente con el domicilio del sujeto. En muchas ocasiones se señala dicho punto como la "zona donde vive el agresor" y eso es totalmente falso. Se trata de la "zona de **seguridad**".

La "zona de seguridad" en la Perfilación Criminal puede ser definida como la *"delimitación geográfica en la cual el agresor se siente seguro por diferentes motivos"*. Pero esa seguridad no tiene por qué darse por motivos de habitabilidad, sino que puede ser la zona de trabajo, donde ha trabajado hace tiempo, donde vive alguien cercano, donde se ha criado, o incluso donde no ha tenido ningún tipo de relación pero la elige, la estudia, la conoce y la toma como suya.

Por otro lado, a la hora de llevar a cabo un Perfil Geográfico, se debe tener en cuenta la naturaleza tipológica del agresor, si es "viajero", es decir si se desplaza en cada hecho, si los puntos son exageradamente distantes y tal vez se trate de dos o más agresores,...

Todas estas conclusiones, ¿Qué tipo de "zona de seguridad es" (si por domicilio, porque se ha criado allí,...)?, ¿Qué tipo de agresor es?,... No corresponde al Perfil Geográfico analizarlas sino a la Perfilación Criminal... Ambas técnicas son complementarias, por lo que una solapa a la otra, y cuando la deducción y el auxilio de ambas sean analizadas, se llegará a conclusiones ciertas y válidas para nuestra investigación.

El Dr. Canter, con su equipo de la Universidad de Liverpool, continuó con el análisis inductivo y el estudio a la manera del F.B.I. pero con una sistemática académica estructurada y científica de las tipología de agresores que se estudiarán a partir del siguiente tema, para el mayor desarrollo de la Perfilación Criminal, denominada Psicología Investigadora[14], en la cual, a través de estudios empíricos, utilizando técnicas cuanti y cualitativas se realiza una tipología del agresor dependiendo del hecho cometido, haciendo, como es lógico, hincapié en los agresores seriales (violadores, asesinos, pirómanos,...).

Conclusión

A lo largo de estos epígrafes se han analizado diferentes maneras, complementarias y auxiliares de poner en marcha la Perfilación Criminal. En este caso se trata de conocerlas, pero no de aprehenderlas de manera ortodoxas decantándose por una o por otra. No se trata aquí de, como perfiladores, pertenecer a una escuela o a otra. Se trata de saber y comprender diferentes enfoques y utilizarlos todos. En los informes finales no se debe reseñar que tal o cual información ha sido hallada mediante, por ejemplo, la psicología investigadora, sino de saber qué métodos utilizar para alcanzar el objetivo de nuestra investigación.

---

[14] La psicología investigadora se basa en el análisis de datos válidos, validados y fiables de delincuentes y crímenes ya conocidos, estudiados y analizados. De aquí se obtienen una serie de patrones que se pueden implementar en casos no resueltos, ayudando tanto en el perfil geográfico como psicológico.

TEMA 3. LA ESCENA DEL CRIMEN

Como se ha estudiado a lo largo de los temas anteriores, la Perfilación Criminal no es una ciencia de por sí, ni tampoco un método único de análisis investigativo. A lo largo de este tema se va a profundizar en la escena del crimen, entendiéndola de manera holística como contextualización del hecho y de manera detallada, estudiando y analizando tanto los indicios físicos como de cualquier otro tipo.

¿Qué es la "escena del crimen"? Existen muchas acepciones para referirse al mismo término, escena del crimen, escenario forense, escena del delito,... lejos de entrar a debatir sobre cuál de ellas es la más correcta, se focalizará la atención en los aspectos técnicos de la misma.

En primer lugar, para centrar el estudio, se definirá la escena del crimen como *"escenario, o escenarios, donde agresor y víctima han interactuado de manera criminal (que no obligatoriamente delictiva)"*.

Varios conceptos de esta definición deben ser analizados:

Multiplicidad de escenarios. Un delito, como cualquier hecho realizado por personas, no es un fenómeno ortodoxo al cual se le pueda aplicar una hermenéutica de análisis. Se puede encontrar desde un único escenario, donde por ejemplo se ha llevado a cabo un asesinato (una casa, un parque,...) en el cual todos los hechos (desde el contacto con la víctima hasta su asesinato) han ocurrido en el mismo lugar, hasta múltiples escenarios. Por ejemplo, una persona es abordada en la calle (escenario 1), golpeada en un coche (escenario 2), asesinada en una casa (escenario 3) y abandonada en un descampado (escenario 4).

Interacción criminal *(no obligatoriamente delictiva)*. cuando se lleva a cabo una interacción entre víctima y agresor dicho lugar puede ser considerado una escena del crimen. A pesar de tener la cualidad de criminal, ya que el objetivo final tiene esa índole, la relación no tiene por qué ser delictiva. Esto quiere decir, que, póngase un ejemplo, un agresor entabla conversación con una futura víctima en un bar, en el cual la engatusa para subir a su coche y ahí comete el delito. Dicho bar sería un escenario criminal, sobre todo para el perito en Perfilación Criminal que deberá analizarlo minuciosamente, pero no podría calificarse dicho escenario de delictivo, pues allí, con rigor jurídico, no se cometió ningún delito. Pero el bar, su situación, la mesa en la que estuvieron, la posición,... todo ello otorga información al investigador, el cual debe saber diferenciar la calidad de cada escenario criminal.

A partir de aquí, se debe estudiar la escena del crimen como un todo integrado por varias partes bien diferenciadas pero complementarias entre ellas. Por un lado están los investigadores. Profesionales que se encargarán de reunir las pruebas para llegar a una conclusión, para llegar hasta el autor o los autores del hecho investigado. Por otro lado los técnicos forenses. Profesionales que, de manera detallada, separada, es decir, *"en trozos más pequeños"*, analizarán uno por uno los indicios que han sido recogidos. Aquí es donde se encuadran los diferentes profesionales científicos.

En último lugar se encuentran los profesionales de Justicia (Ministerio de Justicia). Todos aquellos que, desde abogados hasta jueces, llevan a cabo el procesamiento del hecho, basándose en el trabajo de los dos anteriores.

Debe existir una relación total entre todos los intervinientes en la investigación para que los datos tengan validez y puedan ser utilizados de manera óptima en todos los procesos. A lo largo de cualquier investigación se encuentran tres tipos de datos:

Indicios. Concepto íntimamente ligado al delito. Que pueden interconectarse, o no, entre ellas.

Evidencia. En ocasiones, sinónimo de indicio, e incluso de prueba. La evidencia tiene una carga más objetiva que el indicio. Es decir, un indicio es un concepto explorativo, y la evidencia tiene un intrínseco empírico.

Prueba. La prueba, básicamente es la ratificación de los indicios y las evidencias en sede judicial, cuando se comprueba su veracidad total y se exige el estudio y la contradicción por parte de las partes del proceso.

De manera práctica los investigadores se identificarían con la Policía (Policía Judicial, Unidades de Investigación Criminal,...) y los forenses con los técnicos-científicos (Unidad de Policía Científica, laboratorios forenses privados,...).

El Perfilador Criminal es una figura un tanto extraña entre "dos mundos". Con capacidad para investigar a nivel macro desde los niveles micro. Debe ser, como se estudió en el tema 1, conocedor de las ciencias forenses (que no especialista) así como en el manejo de técnicas de investigación.

En la escena del crimen se puede encontrar y, como peritos, se deben conocer aquellas especialidades forenses con las cuales se trabajará en el *quéhacer* diario. No sólo por una cuestión teórica, sino más bien práctica, ya que en la mayoría de ocasiones se deberá tratar con los informes de los profesionales de dichas especialidades.

1. La inspección ocular

La inspección ocular es la acción llevada a cabo por los investigadores para recabar información sobre el hecho. La nomenclatura correcta sería Inspección Técnico-Policial. En ella intervienen todos los agentes de la investigación, cada uno con su objetivo propio. En dicha inspección se deben realizar las siguientes acciones:

1. Acotamiento del lugar.
2. Búsqueda y recogida de indicios.
3. Envío de los indicios.
3. Análisis de los indicios.

El primer paso cuando la Policía llega al escenario de un crimen es el acotamiento del lugar. Según el principio de Locard ya mencionado *"siempre que dos objetos entran en contacto transfieren parte del material que incorporan al otro objeto"*. Es por ello que, las primeras dotaciones policiales deberán "cerrar" la escena del crimen para que curiosos y demás personas no dejen rastros que confundan a los profesionales que aún están por venir.

Una vez llegan los profesionales encargados de la recogida de los indicios comienza la segunda fase. Estos, con protocolos ya establecidos, buscarán (*se utiliza la palabra buscar ya que no todos los indicios se encuentran a simple vista. En la mayoría de los casos se utiliza maquinaria específica para su localización, luces forenses, reactivos químicos,...*), recogerán y enviarán los indicios para su análisis. Estos protocolos deben obedecer a la llamada "cadena de custodia" para asegurar lo recogido respetando los siguientes principios:

1. **Principio de aseguramiento de la prueba.**
2. **Principio de la licitud de la prueba.**
3. **Principio de la veracidad de la prueba.**
4. **Principio de la necesidad de la prueba.**
5. **Principio de la obtención coactiva de la prueba.**
6. **Principio de la inmediación, publicidad y contradicción de la prueba.**

¿Qué tipo de indicios se pueden recoger en una escena del crimen? Los siguientes:

Indicios biológicos. Sangre, semen, saliva y demás fluidos.
Indicios lofoscópicos. Dactiloscópicos, quiroscópicos,...
Indicios de fibras.
Indicios de disparos. Plomo, bario y antimonio, proyectiles,...
Indicios médicos: Medicamentos,...
Indicios documentales.

A partir de aquí, el análisis científico de los indicios dará datos nuevos a los investigadores del caso. Pero, ¿Qué hace un Perfilador Criminal en la escena del crimen?

2. El Perfilador Criminal en la escena del crimen

Como ya se ha estudiado, la Perfilación Criminal ha sido ampliamente criticada. Una de las bases para esas críticas es la falta de conocimiento tanto por parte de sus detractores como de los propios perfiladores. ¿Qué debe hacer, cuál es el objetivo de un perfilador criminal en la escena de un crimen?

Varias son las finalidades que debe perseguir un Perfilador en la escena. Aquí, se debe decir que sigue vigente el principio mencionado de Locard, pero aplicado a otro tipo de indicios. Antes se mencionaban los tipos de indicios materiales que los forenses deben buscar y analizar. Ahora, esos indicios, para el Perfilador, se transforman en algo más personal, más emocional, más humano. El Perfilador busca relacionar el "por qué" con el "dónde", a través del "cómo". Y así comprender el hecho, o los hechos, desde todas sus perspectivas, para hallar "a su autor" a través de su "obra".

Uno de los objetivos de un Perfilador en la escena del crimen es recoger los indicios emocionales que su autor ha dejado. Dar respuesta a ¿Por qué en este lugar? ¿Por qué a esta hora? ¿Por qué así? Se trata de un pensamiento deductivo, de donde sacar una hipótesis global desde detalles que en ocasiones pueden parecer nimios.

Para llegar hasta aquí, previamente el Perfilador ha tenido que enfrentarse a otro objetivo, otra finalidad de importancia mayúscula si existiesen múltiples escenas del crimen. Debería averiguar la sucesión de estas (cual fue primera, segunda,...) y la importancia que tuvieron para víctima y agresor. Para ello se deberá diferenciar cada escena en:

1. **Escena primaria**: En ella existe una mayor interacción entre agresor y víctima en todos los aspectos.

2. **Escena(s) secundaria(s)**: Es aquella donde no ha habido tanta interacción entre agresor y víctima.

Ambas tipologías no son más que acepciones para aclarar aspectos y que sea más fácil para el Perfilador diseccionar la escena del crimen.

Otro objetivo primordial que el Perfilador deberá esclarecer, sobre todo cuando se trate de delincuentes seriales, es la de dirimir escenas simuladas. Dentro de la sistemática criminal existe el concepto de "**conciencia forense**". Significa que el criminal pone "trampas" en la escena del crimen para desvirtuar el análisis de la misma. La conciencia forense va desde la utilización de guantes hasta la modificación total de la escena, o la simulación completa de una escena.

Y por último, otra de las finalidades del Perfilador Criminal es el poder relacionar, o no, escenas de crímenes. Es decir, dilucidar si han sido realizadas por un mismo individuo.

¿Cómo llegar a estos objetivos? ¿Cuál es el punto de partida para la elaboración de hipótesis y comienzo de la creación de un perfil?

2.1. Tipología de escena del crimen en la Perfilación Criminal. Organizada versus Desorganizada

A lo largo del manual, en el tema 2, se han abordado las tipologías de las diferentes sistemáticas de análisis de la Perfilación Criminal. Para comenzar por acotar la tipología de la escena del crimen, se va a tener en cuenta la metodología del FBI y su binomio Organizado/Desorganizado.

Muchas han sido las críticas de esta separación algo ortodoxa. Desde el punto de vista del Instituto Europeo de Ciencias Forenses y Seguridad, la Perfilación Criminal estudia las relaciones entre hecho-persona, y como ya se ha mencionado, cuando se trata de personas no se puede utilizar una hermenéutica analítica. No obstante, para comenzar, se cree que es la mejor manera de llevar a cabo un análisis. Cuando el Perfilador Criminal se encuentra por primera vez ante la(s) escena(s) de un crimen, debe fijarse en todos los detalles así como en su composición tanto interna como externa. Del hecho, de la escena, debe comenzar a extraer datos conductuales de su autor. Las escenas Organizadas y Desorganizadas van emparentadas con los tipos de personalidad de igual calificativo (asesino organizado // asesino desorganizado).

En el siguiente cuadro, de manera ortodoxa, se puede ver la diferencia entre escena organizada y desorganizada.

ORGANIZADA	DESORGANIZADA
Agresión planeada.	Agresión espontánea.
Víctima no conocida.	Víctima conocida.
Personalización negativa de la víctima[15].	Despersonalización de la víctima.
Control de la interacción.	No interactúa con la víctima. Mínimamente.
Control de la escena.	Escena caótica.
Sumisión de la víctima (la somete).	Violencia explosiva, súbita.
Utilización de métodos de control.	No usa métodos de control.
Muchos actos agresivos. Algunos post mortem.	Puede realizar actos sexuales después de la muerte.
Traslado del cadáver (más de una escena del crimen).	No traslada el cadáver. Normalmente solo una escena del crimen.

---

[15] Que la personalice no quiere decir que no la cosifique. Sino que la cosifica según su propio criterio. Personalizar es utilizado como sinónimo de moldear, cambiar,...

Uso de armas.	No usa armas o son de oportunidad.
Conciencia forense.	Muchos indicios en la escena del crimen. No hay conciencia forense.

En ambas escenas se obtiene información conductual y personal de su realizador. Ahora bien, se debe reflexionar sobre la posibilidad de que el autor sea un sujeto mixto. Es decir, con características de ambos grupos. No todos los delincuentes seriales son organizados o desorganizados puros, de hecho la minoría lo son, y es aquí donde comienza a necesitarse la pericia del Perfilador Criminal.

El asesino organizado suele relacionarse de manera general con los psicópatas o sociópatas[16] y los desorganizados con asesinos con problemas mentales. Por normal general, como se estudiará más adelante, los psicópatas son minuciosos y planificadores. Disfrutan con la preparación y ejecución del hecho. No suelen precipitarse, precisamente porque su conciencia, es decir, su capacidad de distinguir el bien y el mal, hace que sean cuidadosos en todos sus actos.

Por el contrario, los asesinos desorganizados no

---

[16] En este manual se consideran sinónimos ambos conceptos. Existen teorías que dicen que el psicópata es el asesino que nace y el sociópata el que es creado o incitado por la sociedad. En nuestro caso no creemos que debamos diferenciar entre ambos conceptos por no existir estudios serios que clarifiquen y argumenten dicha distinción.

planean la ejecución del hecho. Este es realizado de manera impulsiva, brutal, explosiva,... suele corresponder a lo que antes se denominaba "ataque de locura" y suele ir acompañado de un sentimiento de culpa inmediatamente después de realizarlo, cuando "vuelve a la normalidad". No existe ningún tipo de conciencia forense. En las escenas desorganizadas la víctima no suele presentar torturas, signo de disfrute del asesino, cosa habitual en las escenas organizadas, sino que su ataque es tan explosivo que los investigadores suelen encontrarse, sobre todo, con caras desfiguradas (los primeros ataques suelen ser a la cara), golpes, fracturas brutales,... cometidos en un pequeño lapso de tiempo y, si utiliza armas, con las que tenga a su alrededor (armas de oportunidad), palos, piedras,...

A partir de aquí se podrán llevar a cabo diferentes líneas de investigación que comenzarán a dar respuesta a los interrogantes. Por ejemplo, y siempre simplificando para mayor comprensión, ya que la realidad es algo más complicada, si se están estudiando 4 escenas de crímenes, en las cuales 3 corresponden claramente a un asesino organizado, y la tercera, después de descartar la simulación de la misma, es claramente desorganizada, tendrá que sospecharse sobre la posibilidad de que sean del mismo autor.

A partir de aquí se analizará cómo se debe proceder, qué se debe analizar para poder ir calificando la escena.

2.2. Aspectos a estudiar en la escena

En raras ocasiones valdrá con ver las fotografías de la escena o la mera observación, el Perito deberá obtener otro tipo de información. Dicha información es obtenida por el análisis técnico-científico de los forenses. Huellas dactilares, análisis de ADN,... Una vez obtenida esa información, varios objetivos:

1. Identificar al(los) supuesto(s) agresor(es).
2. Entrevistarle(s) y/o interrogarle(s) (dependiendo del caso) sobre el hecho.
3. Ver si encaja en el perfil realizado.

Pero, ¿Cómo llegar a realizar, o comenzar, un Perfil desde la escena del crimen?

Como ya se ha mencionado, existen diferencias entre ambos tipos de escenas criminales (organizada // desorganizada). Para llegar a dilucidar en cuál de ellas se encuentra, el Perito debe analizar cuestiones esenciales.

Metodología de contacto. El Perito debe saber la manera, el "cómo" se aproximó, contactó, el agresor con la víctima. En este caso los informes técnico-policiales serán de utilidad para, sobre todo, si es un lugar cerrado, saber si ha habido forcejeo previo, si la puerta estaba forzada,... y en lugares abiertos la declaración de los testigos es de gran ayuda. Así, deberá conocer si el agresor sorprendió a la víctima, la engañó conversando con ella o se abalanzó sin mediar palabra.

Tipología del ataque. Aquí, el Perito debe conocer el "cómo" del ataque. Es importante obtener información sobre el ataque. Si ha habido amenazas verbales, si ha utilizado la fuerza con armas o sin ellas (tipo de arma), heridas post-mortem, cantidad de agresividad desatada en función de las heridas provocadas, zona de las lesiones,...

Metodología del control. El Perito deberá en primer lugar fijarse en si ha habido control de la víctima por parte del agresor o no. Si la hubo deberá conocer el grado de fuerza empleado, los métodos, las herramientas utilizadas (armas, grilletes,...).

Una vez el Perito conozca esta información, podrá comenzar a realizar un análisis situacional de la escena, teniendo datos suficientes para poder ir delimitando la personalidad del autor del hecho.

2.2.1. Escena mixta

Ya se ha mencionado que cuando se trata de estudiar cualquier aspecto de las personas, la ortodoxia no es la mejor aproximación para ello. Se está acostumbrado a que los asesinos seriales

de las películas encajen en un prototipo de perfil muy definido. Pero la realidad es bien distinta. En gran parte de las ocasiones el Perito no se encontrará con una escena organizada o desorganizada de manual, sino que habrá partes de ambas, por ejemplo, el borrado de indicios (conciencia forense) pero con una víctima presa de un ataque súbito y brutal. ¿Qué quiere decir esto?
En los albores de la Criminología, y aún hoy es vigente y legítimo, se hacía una gran diferencia (porque existe) entre psicópatas y psicóticos[17]. Los primeros serían aquellos que presentan una personalidad antisocial, con grandes rasgos conductuales que utilizarían para sus crímenes como falta de empatía, capacidad intelectual media o superior, gran poder de embaucación,… saben perfectamente diferenciar el bien del mal (son totalmente imputables) y llevan a cabo crímenes difíciles de resolver.

Por otro lado están los psicóticos, enfermos mentales con características como impulsividad, cociente intelectual bajo, enfermedad mental, incapacidad de relacionarse, inimputables, incapaces de diferenciar el bien del mal, en la mayoría de los casos no son conscientes de sus crímenes porque los realizan en un "ataque de locura", suelen olvidarse de ellos,…

Hasta aquí se han definido dos tipos de personalidades bien estudiadas y enmarcadas en

---

[17] Los cuales se estudiarán más a fondo en el siguiente tema.

la casuística criminal. Ahora bien, la realidad supera con creces estas tipologías. Las personas no suelen responder a un estándar estereotipado, y la mayoría de las veces el Perito no se encontrará con un psicópata o un psicótico. Sino con lo que en Criminología moderna se llama "asesino mixto". Se trata de personas que tienen rasgos de ambas personalidades. No entran de lleno en ninguna de las definiciones, pero tienen rasgos de ambas.

En estos casos el Perito debe saber diferenciarlos, conocer cuál son más predominantes, y deducir de esa manera cómo será su comportamiento y crear la tipología conductual del criminal. En este caso, la heterodoxia con la que cuenta toda disciplina social, que trata con personas y no directamente con conceptos objetivos, es positiva para el profesional ya que será imposible encontrar una personalidad mixta equilibrada. Esto es, ningún sujeto tendrá un 50% de personalidad psicopática y 50% psicótica, sino que una, obligatoriamente, estará más presente que la otra.

Además de todo ello, en la escena del crimen es de vital importancia estudiar a la víctima, y conocer qué ha hecho el criminal sobre ella. Para ello, se deberán analizar las heridas que se encontrará el Perito cuando analice el ámbito médico-legal de la víctima, ya que conociendo las heridas podrá aproximarse a aspectos que son de importancia, como ya se ha visto, para la realización del perfil criminal (métodos de control, agresividad desatada,...).

3. Modus Operandi

Muchas veces, en Criminología, se oye hablar del *modus operandi*, y la definición más simple es: *"el cómo lo ha hecho el autor"*. Y, en esencia, es una definición correcta. Pero se debe ahondar más en ella, pues es importante profundizar en el concepto, y sobre todo, separarlo de "la Firma". Conceptos ambos que suelen entremezclarse.

El *modus operandi* comprende dos tipos de conceptos que deben ser analizados por el Perfilador. Por un lado están las acciones realizadas para cometer el crimen. Por otro, las conductas que han motivado dichas acciones. Es decir, las acciones realizadas llevan a deducir las conductas (verdadero objetivo del Perfilador). Estas conducirán a conocer aspectos de la personalidad del autor.
Las acciones serán estudiadas a través de la observación y el cientifismo forense (Policía Científica). Las conductas serán deducidas de las acciones y nos llevarán a la personalidad y datos biográficos del autor o autores.

3.1. Información obtenida del *modus operandi*

Como se ha mencionado, el modus operandi da información acerca del autor. Pero, ¿qué tipo de información?

Da información sobre los aspectos siguientes:

1. Profesión del autor.
2. Conocimientos o habilidades especiales o desarrolladas del autor.
3. La relación entre el autor y la víctima.
4. La conexión, o no, entre crímenes.

Y ¿Cómo es posible obtener esta información? Al igual que el Perfilador analiza el *modus operandi* para obtenerla, el autor realiza dichas acciones por varias razones.

1. Para proteger su identidad (conciencia forense).
2. Para conseguir su objetivo de la manera que él desea.
3. Para poder escapar, rehuir a los investigadores.

A partir de estos prismas debe darse el análisis del modus operandi. Véase un ejemplo.

Caso 1.[18]

---

[18] Todos los casos analizados serán ficticios. Y, aunque tengan

Escena del crimen. Cocina de apartamento. Se observa:

- Víctima en el suelo.
- La víctima presenta una serie de puñaladas en el vientre.
- Nada parece estar desordenado.
- Las puertas están cerradas.
- No hay nada, salvo la víctima, en el suelo.
- Manchas de sangre en la encimera y debajo de la víctima.

Informes forenses:

Médico-legal. Las puñaladas fueron realizadas *antemortem*, la causa de la muerte es por pérdida de sangre. No presenta heridas defensivas en brazos, antebrazos, ni mano. Sí presenta surcos alrededor de las muñecas (no se encuentra ningún artilugio con el que pudiera atarla).

Químico. en las manos y el cuello de la víctima se encuentran "polvos de talco".

Lofoscópico. Ningún resto.

Inspección Técnico-policial. La cerradura no presenta signos de forzamiento.

---

parecidos con actos reales son únicamente datos específicos. Se pretende con ello respetar los casos tanto cerrados como abiertos.

Esta sencilla descripción servirá de ejemplo para ver cuál debe ser la sistemática de análisis por parte del Perito. Para ello, como sugerencia, el profesional podrá desarrollar una plantilla propia en donde apunte todo lo que a él (es una plantilla de uso personal no para emitir en el informe) crea conveniente, además de realizar su propio registro fotográfico (muy recomendable).

Por ejemplo,

Escena del crimen nº..................

Fecha:.................   **Hora:**..................

Expediente nº:...................

Dirección:..

Escena: ☐ Organizada   ☐ Desorganizada
          ☐ Mixta

Escena: ☐ Principal   ☐ Intermedia
          ☐ Secundaria

Notas adicionales:

Conciencia Forense: ☐ Si   ☐ No

Notas adicionales:

Informes Forenses:
1. Médicos *(resultados)*:......................
2. Lofoscópico *(resultados)*:.................
3. Químicos *(resultados)*:......................
4. ...

Notas adicionales:

Observaciones:

En las notas y observaciones, el Perito añadirá aquello que le resulte digno de mención, de recuerdo, detalles,...

A partir de aquí, se debe comenzar a relacionar datos mediante la sistemática de análisis. Ya se conocen las acciones, dedúzcanse las conductas y "conózcase" la personalidad.

Sistemática de análisis. Analizando los informes forenses, es muy probable que, si no se ha encontrado ningún tipo de huellas, haya utilizado guantes. Esto se sostiene al encontrar "polvos de talco", un producto presente en ciertos tipos de guantes de látex no médicos, la mayoría comprados en supermercados.

La cerradura no estaba forzada, por lo que es muy probable fuera la propia víctima quien abriera la puerta. ¡OJO! Esto no quiere decir, como se suele deducir, que la conociera personalmente. Es cierto que la mayoría de las personas abren la puerta a sus familiares, pero también al cartero, "el del gas",... así que llegados a este punto, lo primordial sería corroborar con los vecinos si han visto a "alguna de estas personas".

Como sugerencia, para mayor objetividad de los datos, ya que como se ha dicho a lo largo de todo el manual, se trabaja con personas y por ende con personalidades y conductas, y es complicado llegar a un 100% de seguridad, se deben intentar contrastar todas las hipótesis. Cuando el informe lofoscópico indica que no se han encontrado huellas, se apresura a pensar que el autor ha utilizado guantes. Pero no tiene porque ser así. Ha podido utilizar otro tipo de método, ser extremadamente cuidadoso con sus manos, haber limpiado todo después,... todo esto, el Perito debe tenerlo en cuenta, ya que le llevaría a acciones, y por lo tanto a personalidades diferentes. Es decir, cuando el informe lofoscópico indica que no hay huellas, tenemos un 45% de posibilidades de que haya utilizado guantes.

Si, otro informe forense nos indica la presencia de "polvos de talco" presentes en muchos guantes de látex, esa probabilidad alcanza el 85-90%. Ha sido contrastada. En cambio, teniendo la información que se tiene, que se conocieran personalmente, antes de descartar que fuera, o estuviese disfrazado de cartero, vendedor,... la posibilidad de que se conocieran personalmente está en torno al 50% solamente.

Se observa que muy probablemente ha sido maniatada, lo que sugiere que el agresor quería realizar sus acciones con tiempo, queriendo *"vivir la experiencia sin prisa"*.

Las puñaladas han sido realizadas en el abdomen. En el tema siguiente se estudiará la posibilidad de que, como afirman estudios criminológicos, ese tipo de apuñalamiento tenga un gran contenido sexual, afirmando algunos estudios que sustituyen a la penetración.

Todos estos datos (uso de guantes, maniatarla) hacen que cobre gran relevancia la probable premeditación del autor.

Por lo que, sólo con estos datos se puede destacar, según las probabilidades de cada acción, ciertos rasgos de personalidad, bastante generales, pero que, según se vaya avanzando en la reconstrucción e investigación, serán más concretos.

1. **Persona cautelosa y paciente.** Probablemente haya estudiado minuciosamente cómo cometer el hecho.
2. **Persona organizada y meticulosa.** Con conciencia forense. Rasgos psicopáticos.
3. **Con posible conocimiento sobre la víctima.** ¿A qué nivel? ¿Personal? ¿Profesional?
4. **Estímulo sexual probable.** ¿Parafilia?

Estos datos, no debe olvidarse que se trata de la primera visita y de una contextualización, son importantes a la hora de continuar la investigación.

Se sabe que se trata de una persona que no quiere ser descubierta, con habilidades criminógenas (ataduras, apuñalamiento, conciencia forense) por lo que es probable que no sea su primera "acción".

A partir de aquí la investigación tomaría dos rumbos. Por un lado el puramente instructivo (hablar con vecinos, revisar toda la casa,...) y por otro el deductivo (comienzo de desglose de la personalidad)[19].

Por último, en cuanto a los datos teóricos sobre el *modus operandi*, se debe saber que este es dinámico, cambiante, o mejor dicho evolucionado. Es decir, el agresor "aprende" en cada acción. No realizará siempre el *modus operandi* de igual manera, aunque mantendrá la esencia. Cada vez que cometa un delito aprenderá de él para el siguiente. Por ejemplo, puede que la siguiente vez, también utilice cinta aislante para tapar la boca de su víctima puesto que la última gritó. Es cambiante y esto también debe ser analizado. Cómo evolucione el *modus operandi* nos dirá cómo evoluciona el agresor (más violencia, más sadismo,...). Estudiar dicha evolución también es primordial para poder relacionar crímenes, pues siempre es congruente.

La llamada "escalada criminal" hace referencia a los pasos seguidos de manera lógica por un delincuente. Es muy poco probable que una persona comience asesinando con un grado de premeditación y conciencia forense óptima desde la primera vez. Lo normal es ir aprendiendo en cada golpe. Desde acciones simples a complejas. Delitos menos graves a más graves. Incorporando

---

[19] Con lo estudiado en el Tema 4.

su aprendizaje a cada futura acción. Conociendo esto, se pueden deducir aspectos como "dónde se encuentra el autor (cognitivamente hablando)", y su evolución criminógena.

4. La Firma

La Firma del autor va íntimamente ligada al *modus operandi*, no como acción pero sí como concepto. ¿Qué es la Firma de un criminal? La Firma es aquella conducta de motivación emocional que está presente en las acciones criminales del autor.

¿Cuáles son las diferencias entre la Firma y el Modus Operandi?

1. La Firma es una conducta NO necesaria para realizar la acción (p.e. vendar a la víctima).
2. Supone más tiempo que el del *modus operandi*.
3. Está relacionado con emociones (Beneficio, Ira, Seguridad, Venganza, Sadismo, Ego,...).
4. No suele ser racional.
5. Quiere comunicar (con la víctima, investigadores,...).

Se debe de tener cuidado, puesto que en ocasiones será difícil diferenciar entre acciones del *modus operandi* y la Firma. Ejemplo, se encuentra un cadáver con los dedos amputados. Puede ser la Firma del autor, seccionar los dedos, o una acción del *modus operandi* para dificultar la identificación. La Firma da información directa acerca de los sentimientos de su autor. Pero esta debe ser interpretada de manera correcta, pues si no avocará al error.

La Firma, en la mayoría de los casos es inalterable, no es dinámica y no suele cambiar, a diferencia del *modus operandi*. No evoluciona, y el no "dejarla" (por ejemplo porque llega la Policía), producirá un sentimiento de angustia en el autor.

En cuanto a la Firma, hay un aspecto que se debe tener en cuenta, y es que puede que no sea el propio autor quien la haga suya. Puede que la casuística haga que el criminal no hay adejado una Firma específica pero que, al comenzar la investigación, ciertas casualidades, (como que se hallara un objeto determinado en la escena) induzcan a pensar que es la Firma del autor. En estos casos, si el delincuente tiene constancia de este hecho, es muy problable que la haga suya en los siguientes actos.

5. Periodo de enfriamiento

El periodo de enfriamiento es el tiempo transcurrido entre acto y acto. No es inamovible y varía en función de distintas circunstancias:

Psicológicas. Mientras comete el acto criminal, el autor se siente eufórico, excitado. Cuando lo termina se sume en un estado de tranquilidad y calma. Tiene una respuesta psicológica y fisiológica ante el acto. Este estado cambia en cuanto vuelve a sentir la necesidad de volver a cometerlo de nuevo. De la calma pasa al nerviosismo, a la necesidad imperiosa de volver a realizarlo, y de ahí, una vez concluido, otra vez a la calma. La psicología del individuo influye en la durabilidad de su periodo de enfriamiento. Su personalidad, nerviosa, compulsiva, calmada, paciente,... indicará si el periodo es más o menos largo. Hay evidencias de periodos de enfriamiento que comprenden días (para los más compulsivos) a años (para los más calmados).

Externas. Por circunstancias externas se entiende un sinfín de posibilidades de las cuales se destacan tres. En primer lugar la no realización de algunos actos que para él son obligatorios, como la Firma. Si el autor, por motivos externos, mientras ponía en marcha su *modus operandi* ha venido la Policía o ha sido avistado y debe salir huyendo de la escena y no ha podido concluir todas sus acciones (la Firma entre ellas), su periodo de enfriamiento será menor, ya que aumentará su angustia por acabar lo que empezó. Es poco probable que repita la víctima pero sí la acción. Debido a que no ha podido completar su acto, las ganas aumentarán considerablemente y su periodo de enfriamiento será menor (es posible que incluso se precipite y dé ventaja a los investigadores). Otros motivos pueden ser más diarios, como el cambio de domicilio, o situaciones externas de su vida "normal".

TEMA 4. PERFILES DELINCUENCIALES

Este tema va a adentrarse en la Perfilación más práctica y que todo Perfilador debe conocer. Se va a indagar (respecto a las personalidades analizadas) en sus estilos de vida y personalidades de manera cognitiva, conductual y social. No se trata de desarrollar teorías ni comprender de manera médica, sobre todo neurológica, por qué son así (aunque sí se analizará de manera generalista) sino saber cómo detectar qué tipo de agresor es y cuáles son sus características, para que así se reduzca el número de sospechosos en base al perfil realizado. Conceptos concretos para que, una vez estudiados, puedan ser puestos en funcionamiento en el *quéhacer* diario del Perfilador. Como ya se ha mencionado, la Perfilación Criminal no sirve como técnica criminológica para cualquier acto delictivo, y su mejor aplicación está en los hechos seriales (dícese hechos porque no siempre se aplica a asesinatos, sino robos, secuestros,...).

Ya se ha estudiado que fue el agente del FBI **Robert K. Ressler** quien acuñó este término. Pero, ¿Cuándo se puede hablar de "asesino en serie"?, ¿El asesino en serie nace o se hace?, ¿Qué características mentales y conductuales tienen?, ¿Cómo se reconocen?, ¿Por dónde empezar a buscar?, ¿Cómo hacer el Perfil?

Estas preguntas son las que se desarrollarán a lo

largo del tema centrando las figuras más características y que, de manera pragmática, el Perfilador deberá enfrentarse más a menudo.

Antes de empezar, se debe de tener en cuenta la mayor y primera premisa con la que un Perfilador debe trabajar. Cuando el Perito llegue a la escena del crimen, le muestren fotografías, en fin, comience su trabajo, debe hacerlo desde este paradigma:

"Veas lo que veas, para alguien (el autor) lo que ha realizado le produce excitación".

Cuando el Perfilador se encuentra, sobre todo por primera vez, con la escena, ya sea *in situ* o por fotografías, y se ve la atrocidad cometida, se tiende a pensar estereotipadamente. *"Esto es de locos", "es una barbaridad", "es inconcebible"*, e incluso se llegará a retirar la vista. Y he aquí el primer error del Perfilador. Esa escena que se está viendo puede que no haya sido realizada por un "loco", es probable que el autor no tenga ninguna patología mental. Para el autor no es ninguna barbaridad y es totalmente concebible. Es más, lo que está viendo el Perfilador es la manera de excitación del autor. Le gusta, le encanta lo que ha hecho y le produce placer (no necesariamente sexual) y lo único que quiere es repetirlo para mejorarlo.

¿Por qué los asesinos son seriales? Es la pregunta

que muchos se hacen. ¿Por qué los asesinos seriales no pueden dejar de matar? Hágase un ejercicio práctico. Se dice a varias personas que deben decorar una habitación a su gusto. Primero tienen que imaginársela con todo lo que les guste, sin fijarse en los precios de los muebles, solo imaginar cómo sería la habitación ideal, y luego llevarla a la realidad. La mayoría de las personas la imaginaría con todas las cosas que quisiera estuvieran en la estancia. Cuando la tuviese en su mente, debería llevarla a cabo. La mayoría de las personas comenzarían a decorar, y se darían cuenta, por ejemplo, que no tienen suficiente dinero para comprar todo aquello que quieren, y, a lo largo de la acción, se le irían ocurriendo cosas que poner, o bien porque las pasó por alto la primera vez, bien porque ha visto una tienda y ha habido un mueble que le ha gustado,... Lo cierto es que muy pocas de las personas lo harían el primer día, sino que cada día pondrían una cosa nueva, y cuando creyeran, si es que lo creen, que han terminado, es probable que no fuese como la que tenían en mente, pues sus fantasías son casi imposible, por no decirlo del todo, de materializar tal cual y tendrían la sensación de "no haber terminado".

Al asesino serial le pasa exactamente igual, salvo que, en vez de fantasear con meter un gol en un partido de fútbol, hacer un viaje al extranjero, o comprarse ropa que le guste y que luego no le siente como creía, su fantasía es realizar actos atroces. Él se lo imagina en su mente, pero al realizarlo, por diversos factores externos (tiempo, Policía,...) e internos (es imposible que pueda materializar su fantasía tal cual está en su mente) nunca llega a "plasmar" lo que tiene en su interior. Esto, además de que "aprende" en cada acto, y quiere, como pasaba con los muebles de la nueva tienda, "poner" cosas nuevas. Es por ello que necesita "volver a intentarlo". No puede dejar de hacerlo porque quiere perfeccionar su "obra". Y como eso es imposible, su impulso, al contrario que el de las demás personas, por ejemplo los "decoradores", que son capaces de resignarse a decorar la habitación cómo y con lo que puedan, no le deja parar. Es por ello que cuando se apresa a muchos asesinos seriales, dicen "nunca iba a parar", y es por ello que su rehabilitación, sobre todo en el caso de los psicópatas, a día de hoy, digan lo que digan, es imposible.

1. Psicópatas

La psicopatía es uno de los perfiles más estudiados científicamente pero también es uno de los más difíciles y sobre los que circulan más datos erróneos que pueden llevar al Perfilador a cometer errores que desemboquen en un perfil nada halagüeño para conseguir el objetivo de cualquier investigación.

Lo primero que se debe aclarar es que no todos los psicópatas son asesinos, sino que la minoría (un 1%) comete actos delictivos. La gran mayoría no llevan a cabo ningún delito a lo largo de su vida, y un porcentaje nada desdeñable suelen "triunfar" en la vida social a diferentes escalas. Esto es debido a sus características. Sin el ánimo de presentar una cuantiosa cantidad de datos, de manera esquemática se referirá que:

1. Únicamente alrededor del 1% de los psicópatas son delincuentes seriales.
2. El 15% de las personas privadas de libertad presentan rasgos psicopáticos.
3. A cada persona "le toca" conocer a unos 2 psicópatas a lo largo de su vida.

¿Qué es la psicopatía? La psicopatía, a pesar de estar referida en el "DSM IV Revisado"[20] dentro de los "Trastornos Antisociales de la Personalidad" la gran mayoría de la Criminología Académica no está de acuerdo ni en que forme parte de las enfermedades psiquiátricos, ni en que esté dentro de ese epígrafe. Opinan que, como poco, debería estar aislado, como epígrafe propio dentro de los manuales de diagnóstico.

¿Los psicópatas nacen o se hacen? Esta es una pregunta compleja de responder. Existen estudios[21], que por medio de la Tomografía por Emisión de

---

[20] Los DSM son los manuales de diagnóstico psiquiátrico utilizado internacionalmente para la diagnosis psicológico-psiquiátrica. Además de él también figura el CIE-10. Menos utilizado.
[21] Raine, Goyer (1994), Volkow (1995),...

Positrones (TEP) evaluaron la neurología de personalidades psicopáticas obteniendo resultados ilustrativos y sorprendentes.

Básicamente se observó que la corteza prefrontal de los psicópatas estaba menos desarrollada que en el grupo de control (tenía una baja actividad de glucosa), o lo que es lo mismo, tenía menos actividad. Esta parte del cerebro se "dedica" a gestionar las emociones, la empatía,... lo que conduciría al sujeto a comportarse de manera característica, la cual se estudiará más adelante. Esto sería un claro argumento de que el psicópata nace.

Por otro lado está la pregunta de ¿Y por qué no se convierten en asesinos? La respuesta está en la socialización. Lógicamente no es lo mismo "crecer" en un entorno considerado "hostil" que en uno lleno de posibilidades sociales. Cuando un sujeto con personalidad psicopática se desarrolla dentro de un entorno, mal llamado desestructurado, rodeado de violencia, tiene muchas probabilidades (que no todas) de aprehender dichas conductas y desarrollar sus rasgos hacia la criminalización de sus acciones.

Por otro lado, si el sujeto desarrolla su socialización en un entorno calificado como óptimo, sus rasgos personales irán dirigidos en otra dirección, y, debido a sus características suelen alcanzar incluso status sociales altos a nivel político, empresarial,...

Es decir, que todo depende de dónde desarrollen esas capacidades. Sus características o personalidades psicopáticas están ahí, y le servirán al sujeto para alcanzar sus objetivos de una manera más o menos criminosa.

La psicopatía correspondería, de manera general, con la tipología de la escena del crimen organizada. Pero he aquí una particularidad que en pocas o ninguna situación se dará de modo contrario, ya que, no en pocas ocasiones, un psicópata, con su conciencia forense, es capaz de, al menos intentarlo, convertir su escena organizada, en desorganizada.

Pero, ¿Cuáles son las diferencias entre una personalidad psicopática y una psicótica? En el siguiente cuadro se van a mencionar las características y diferencias caracterológicas de ambas personalidades.

PERSONALIDAD PSICOPÁTICA	PERSONALIDAD PSICÓTICA
Falta de empatía total.	Presencia de enfermedad mental.
Conciencia Forense.	Carece de Consciencia Forense.
Incapacidad de organizar "planes de futuro".	Tras el periodo psicótico, vuelta a la realidad.
Imposibilidad de sentir emociones.	No suele cometer actos seriales sino explosivos.

Capacidad para distinguir el bien y el mal.	Capacidad de sentir emociones.
Capacidad de adaptación. Grandes dotes para la manipulación.	No es capaz de distinguir el bien y el mal.
Falta de remordimientos.	En los periodos de lucidez, capacidad de empatizar.
Periodos de enfriamiento variables.	Remordimiento sobrevenido.
Comete actos en series.	Inteligencia media-baja en la mayoría de los casos.
Egocentrismo exacerbado.	No existe regocijo en sus actos.
Inteligencia normalmente alta o muy alta.	Es posible que sienta un fuerte sentimiento de culpa al acabar sus actos.
Consciente de la realidad que le rodea.	No tienen consciencia de la realidad, al menos durante el acto.
Regocijo en sus actos.	Remordimiento.
Carece de enfermedad mental.	Presentan enfermedad mental.
Suele guardar "trofeos" de sus víctimas.	No guarda "trofeos" de sus víctimas.

Empatía. La empatía es definida, *grosso modo*, como la capacidad que tiene un sujeto para ponerse emocionalmente en el lugar de otro. Es decir, ser capaz de saber, en un momento dado, lo que la otra persona está sintiendo y reconocer dicha sensación. En el caso de las personalidad psicopáticas, NO existe dicha posibilidad, ahora bien, su gran poder de adaptación logra que sí puedan imitar los sentimientos. Llegados a este punto, existe una gran dificultad para poder desentrañar si la persona está, por ejemplo, fingiendo tristeza o sintiéndola verdaderamente.

Las personalidades psicóticas sí tienen dicha capacidad, sobre todo en los momentos que se categorizan como "lúcidos". Son capaces de sentir las emociones de los demás, y en no pocas ocasiones, a pesar de sentirlas, pueden sentirlas mal y ser este el detonante de su explosión psicótica.

Conciencia Forense. A pesar de haber sido estudiado. este concepto es uno de los más importantes a tener en cuenta y uno de los más diferenciadores y destacados a nivel investigativo. Mientras que detrás de una personalidad psicopática va a existir una planificación, un desarrollo y una puesta en marcha en donde uno de los objetivos será la ocultación de indicios, engañar a los investigadores, es decir, una vez producido el hecho criminógeno en sí, le seguirá un desarrollo de acciones de ocultación, normalmente previa planificación. En los sujetos psicóticos, no habrá una planificación anterior ni puesta en práctica de acciones de ocultación. Un ejemplo de estas acciones podría ser la utilización, normalmente, de armas "traídas" por el psicópata, y armas de "oportunidad" por el psicótico.

Incapacidad de organizar "planes de futuro".

Las personalidades psicopáticas "viven el presente" de la manera más literal de la acepción. A pesar de que podría parecer una contradicción el hecho de que sean incapaces de organizar su futuro con la planificación de sus hechos con anterioridad, este último caso tiene más que ver con el concepto de conciencia forense y el deleite de sus actos que con la planificación de actos futuros. Para una personalidad psicopática, no existe más que el "mismo momento", para él, todo aquello que sea futuro carece de importancia e interés, es por ello que, por ejemplo, a un sujeto psicopático no le resultará doloroso ni angustiante que se le condene a pena de muerte, pues eso es el futuro y él es incapaz de sentirlo.

En cuanto a las personalidades psicóticas, tienen esta capacidad intacta. Una vez han cometido el hecho, son conscientes de las consecuencias que puede acarrear y las reconocen y sienten. Son conscientes de que pueden ser encarcelados,...

Imposibilidad de sentir emociones. Ítem unido a la falta de empatía. La incapacidad en las personalidades psicopáticas de sentir emociones es total. Pero no se refiere únicamente a la falta de sentir por la víctima, sino por cualquier ser humano, animal,.... Un psicópata no siente ningún tipo de emoción ni por la víctima, ni por su familia y/o "amigos".

Las personalidades psicóticas sí sienten

emociones, incluso por su víctima, e incluso es muy posible que su acto venga precedido por una emoción.

Capacidad de distinguir el bien y el mal. Las personalidades psicopáticas sí son capaces de saber distinguir el bien y el mal, comprender si sus acciones son o no adecuadas, si van a hacer daño y si no están dentro de la legalidad vigente. Pero piensan que todos los demás están equivocados, que ellos están legitimados para hacer lo que hacen, y que, aunque hagan el mal, "no va con ellos", pues están en posesión de la verdad.

Las personalidades psicóticas suelen "estar", dependiendo del grado individual, "fuera de la realidad". En este caso, y con parámetros legales, el psicópata sería imputable, mientras que el psicótico inimputable.

Capacidad de adaptación. Los psicópatas suelen ser descritos por los profesionales como "camaleones sociales". Suelen saber moverse en cualquier ambiente, o incluso, por su grado de atracción y manipulación alto, "reconstruir" la situación para que les favorezca. Los psicóticos carecen de dicha capacidad, actúan por impulsos explosivos en un momento y tiempo determinado.

Falta de remordimiento. Una vez concluida la acción, las personalidades psicopáticas no sienten ningún tipo de remordimiento, sino más bien satisfacción. Sienten satisfacción post-acción, más allá del hecho. Una vez concluida la acción, la satisfacción suele coincidir cognitivamente con el periodo de enfriamiento hasta que vuelven a sentir la necesidad de actuar. Las personalidades psicóticas suelen sentir arrepentimiento nada más terminar la acción, con frases como *"¡Qué he hecho!",...*

Periodo de enfriamiento. Este ítem está íntimamente relacionado con los actos seriales en los sujetos psicópatas. Al cometer el acto, el psicópata siente placer, y este placer se mantiene hasta que vuelve a sentir la necesidad de actuar. En principio, se podría calcular el periodo de enfriamiento personal entre una y otra víctima para poder, por ejemplo, predecir cuál podría ser su tiempo de enfriamiento, pero esto no siempre es así, puesto que el periodo de enfriamiento puede ser, (por ejemplo) corto, de 2 semanas, pero, debido a circunstancia externas, investigación policial,... puede aumentar, no por causas internas a la personalidad psicopática, sino por el hecho de creer el psicópata que puede arriesgar demasiado.

En cuanto a las personalidades psicóticas, una vez terminado el hecho, "vuelven a la realidad" y este suele ser el principio y fin de su enfriamiento. Es raro que psicóticos cometan actos seriales siguiendo los mismos patrones que los psicópatas, ya que, si existiera, sus periodos de enfriamiento no serían tan personales sino más bien psiquiátricos, (tiempo entre lucidez y pérdida de contacto con la realidad), y no estaría tan sujeta a factores externos, por lo que es más fácil su "cálculo".

Egocentrismo exacerbado. Las personalidades psicopáticas son tremendamente egocéntricas. Creen que están por encima de todos, por encima del bien y del mal. Y por ello creen que sus actos están justificados pues "tienen la razón y la verdad absoluta". A pesar de saber y en muchos casos conocer incluso la legislación de manera exhaustiva, creen que pueden y deben hacer lo que hacen, pues están por encima de todos, de la sociedad, y por ende, de sus normas.

Inteligencia normalmente alta o muy alta. En este punto se debe profundizar sobre ciertas teorías. El cine y la televisión tienen un alto grado de culpa en la creencia popular de que los psicópatas gozan de una extraordinaria inteligencia, y, aunque esto puede ser así, no es la norma general. Las personalidades psicopáticas suelen gozar de una inteligencia normal, y, claro está, pueden hacerlo de una alta o muy alta, como cualquier persona. La diferencia está en lo siguiente:

Las personas, cuando están realizando un proyecto (ya sea personal, profesional y/o político) planifican y desarrollan sus acciones poniendo todas sus capacidades en ello para que salga lo mejor posible. Es decir, "ponen" al servicio de ese proyecto todo su potencial. Algunos mejor y otros peor. Este caso es aplicable a los psicópatas que cometen delitos. Todo su afán es planear y desarrollar su acto delictivo, y para ello ponen todo su énfasis, lo que les confiere a nivel social una capacidad intelectual que la mayoría de las personas aplican a conceptos normales como los proyectos profesionales. Toda persona puede pensar en un momento dado, por ejemplo, cómo cometer un delito, pero es más una fantasía que un plan, pues no lo llevará a cabo, por lo que no profundiza en su desarrollo ni en los detalles, y si lo hace, no lo pone en marcha. El psicópata lo planifica y desarrolla de manera detallada, por lo que a nivel social supone el pensamiento generalizado de una "inteligencia superior criminal", pero no hace más que lo que haría cualquier persona cuando quiere sacar un proyecto adelante. En cambio, las personalidades psicóticas suelen caracterizarse popularmente por tener un nivel intelectual bajo cuando esto no es siempre así. Simplemente, como ya se ha estudiado, sus actos son impulsivos, nada reflexivos, explosivos, por lo que carecen de planificación y desarrollo detallado, lo que socialmente les confiere una inteligencia menor. En este caso, se podría hablar de "inteligencia en la vida normal" e "inteligencia en la vida criminal". Se puede dar el caso de que una persona, que en su vida normal tenga una inteligencia superior a la media, y padezca una enfermedad mental, tenga una explosión psicótica y cometa un delito, es decir, su "inteligencia criminal" (planificación y desarrollo) estaría muy por debajo de su "inteligencia en la vida normal". Cuando se habla de inteligencia se hace de una manera generalizada, ya que, por ejemplo, se puede afirmar que una personalidad psicótica carece completamente de cualquier atisbo de inteligencia emocional, mientras que no tiene porque ser así en las personalidades psicóticas.

Consciente de la realidad que los rodea. Las personalidades psicopáticas son totalmente conscientes de la realidad, antes, durante y después de su acto criminal. Este ítem está íntimamente ligado a la planificación y desarrollo minucioso del mismo, empleando, por ejemplo, la "consciencia forense". No pasa esto en las personalidades psicóticas, en las cuales, al menos durante el acto, e inmediatamente antes del mismo, pierden la consciencia de la realidad contextual, pudiendo, dependiendo del grado de psicosis, recuperarla inmediatamente después del acto o más tarde de producido este.

Regocijo en sus actos. Las personalidades psicopáticas tienden a regocijarse en sus actos, tratándolas como una "obra de arte". Es por ello que suelen llevarse de la escena "recuerdos", "trofeos" para rememorar el acto, seguir en los medios e incluso *in situ* la investigación,... En cambio, las personalidad psicóticas, que como se ha estudiado tienden al arrepentimiento inmediato, o casi, del hecho, no se regocijan en su acto, sino que se arrepienten del mismo. Incluso puede externalizar dicha sensación de perdón, o bien de angustia, con un suicidio tras el acto.

Carecen de enfermedad mental. Las personalidades psicopáticas carecen de ningún tipo de enfermedad mental. Si bien la psicopatía es encuadrada dentro de los trastornos antisociales de la personalidad en el ya mencionado DSM IV-R, son mayoría los expertos criminólogos que abogan porque no debe considerarse como una enfermedad mental en ninguno de los casos (y realmente, a pesar de su inclusión no se considera), pues un sujeto psicópata es totalmente imputable, reconoce y diferencia el bien y el mal y es totalmente consciente de sus actos. En cambio, las personalidades psicóticas se relaciona con diferentes enfermedades mentales que pueden desarrollar episodios violentos. Es harto complicado el poder deducir qué tipo de enfermedad mental tiene el autor de una escena con su análisis, aunque sí se podrá llegar a analizar el grado de violencia, pérdida de consciencia con la realidad,...

Suele guardar "trofeos" de sus víctimas. Las personalidades psicopáticas suelen tener cierto grado, que también deberá analizarse, de fetichismo. Suelen guardar algún objeto ya sea biológico (por ejemplo mechón de pelo), o no, de la víctima. Con ello desean revivir el acto una vez haya ocurrido y lo harán a través de ese "trofeo". Es muy posible que los guarde en su hogar, incluso a la vista de todos. En cuanto a las personalidades psicóticas, no tienen ese afán fetichista y no suelen guardar ningún "recordatorio" de sus actos ni desean revivirlo una y otra vez, pues, al contrario que los psicópatas, no les aporta placer. Una vez estudiados y analizados los componentes caracterológicos de los psicópatas (y en contraposición de los psicóticos), se desarrollarán las características personales de los primeros, a fin de tener las nociones necesarias que guíen la elaboración del perfil a realizar y se pueda acotar la búsqueda de sospechosos.

Perfil de características personales de personalidad psicopáticas.

CARACTERÍSTICAS PERSONALES	CARACTERÍSTICAS PROFESIONALES
Suelen tener antecedentes penales escalonados (pequeños hurtos, robos, que pasan a ser más importantes de manera lineal).	Nivel formativo medio-alto.
En su infancia mostraban crueldad con los animales.	Suelen ocupar un puesto laboral bajo respecto a su nivel formativo.
Suelen vivir o solos o con un pariente cercano.	Pueden escalar a nivel laboral de forma irregular.

	Pueden ascender muy rápido sin un motivo claro, utilizando su persuasión y manipulación.
Pueden haber tenido relaciones de convivencia o incluso haber estado casados e incluso tener descendencia, pero raramente lo están en el momento de cometer los actos criminales.	Buena integración y relación laboral.
Son personas bien integradas, aunque solitarias. Se comunican e integran bien en las diferentes esferas (personales, profesionales,...) siendo una sorpresa para sus conocidos cuando son detenidos.	Suelen trabajar cerca de su domicilio.
Gran poder de atracción y seducción, son incapaces de mantener una relación estable.	En su puesto tendrán un buen o notable rendimiento.
Son organizados en su vida personal.	Serán ordenados y meticulosos.
Consumo de drogas habitual.	Será admirado por sus compañeros y superiores.
Obsesivos sin llegar al TOC[22].	

---

[22] TOC: Trastorno Obsesivo Compulsivo.

- Se mostrarán tranquilos en su detención.	
De características físicas normales. Cuidará su aspecto en todo momento.	
Tendrán conocimientos sobre su proceso jurídico.	
Se mostrarán colaboradores aunque no sea su objetivo.	
Es posible que sean interrogados durante la investigación del hecho.	
La edad en la que cometen los actos delictivos más significativos suele oscilar entre los 30 y 45 años.	

Concluyendo, únicamente visitando las escenas de los hechos y observando de manera objetiva, minuciosa y científica, se pueden obtener datos que una vez en el análisis y complementándose con los datos criminalísticos (Policía Científica) pueden encauzar la investigación hasta su resolución.

Si, por ejemplo, el Perfilador es capaz de saber únicamente visitando las escenas del hecho que se busca a un sujeto varón, de entre 30 y 45 años, que vive (o trabaja por la zona), que es posible que tenga antecedentes penales, que haya sido ya interrogado por los investigadores, que es probable que viva solo, que tenga un trabajo en el cual es admirado y respetado, las pesquisas, por ejemplo, pueden comenzar por interrogar no solo a los sospechosos, sino lugares de trabajo, viviendas aledañas,... teniendo como objetivo el conocer si existe una o varias personas con dichas características. Como se ha comentado, no se trata de "coger" al autor, el interrogatorio no debe objetivarse en obtener información para todo el caso, sino el conocer cuantas personas cumplen dicho perfil. No se trata, siguiendo con el caso ficticio, de buscar una persona con antecedentes policiales que haya recibido multas por mal aparcamiento, sino que, dependiendo de la Victimología, rastrear unos antecedentes concretos que sean "lógicos" con la llamada escalada criminal.

Es posible que se llegue a interrogar a alguna persona que diga que existe una persona que parece amable, dispuesta,... pero que cree que oculta ciertas intenciones. Que es un "trepa" en el trabajo y que no le importa hacer lo que tenga que hacer para conseguir sus objetivos. Si esa persona, una vez investigada policialmente (antecedentes, comportamientos,...) cumple el perfil, es muy probable que se esté en el camino de la resolución. El perfil dará la orientación, y el auxilio de las pruebas criminalísticas aportarán la conclusión.

Como se ha mencionado, la Perfilación Criminal acota, no señala. En un principio puede que estas características parezcan vagas, pero a estas debe sumarse siempre el estudio del Perfil Geográfico, que ya se ha analizado, y la Victimología, que se analizará. Para ello, además de las escenas del crimen como tal, se debe analizar el dónde de las mismas, para poder desarrollar la teoría geográfica del autor y completar el Perfil.

TIPOLOGÍA GEOGRÁFICA	CARACTERÍSTICAS
Sedentario	Los actos son cometidos en zonas cercanas (no más de 4-5 km de circunferencia). En estos casos, el autor se siente seguro en la zona, ya sea porque habita por allí, porque trabaja,...
Viajero	Las escenas están muy dispersas (en el caso de España podría darse en diferentes comunidades autónomas). En estos casos el perfil suele ser el de un psicópata "puro", que se mueve con el ánimo de no ser atrapado y "jugar" con los investigadores. Hay que tener muy en cuenta la Victimología, pues ahí estará la clave. Se debe tener en cuenta la distancia entre hechos, posibles medios de transporte, periodo de enfriamiento,...

Para poder ver, con lo poco que se ha analizado hasta ahora, hasta donde puede llegar un perfil, póngase un ejemplo. En él, se analizaría hipotéticamente el caso de tres asesinatos cometidos en el mismo lugar, escenas organizadas,... Tras examinar exhaustivamente el hecho, el Perfil Criminal podría ser el siguiente:

1. Varón de entre 35 y 45 años.
2. Con antecedentes penales por hurtos y conductas sexuales como exhibicionismo,...
3. Habita por la zona (se podría concretar aún más).
4. Tiene un trabajo de baja cualificación en el cual todos sus compañeros le tienen por uno de los mejores trabajadores (es posible que haya escalado en la jerarquía profesional rápido).
5. Trabaja de cara al público en un horario diurno.
6. En las zonas de ocio nocturno suele estar solo.
7. No tiene relaciones sociales estables.
8. Vive solo o con su madre.
9. Es maniático y ordenado.
10. Ha podido tener algún enfrentamiento con algún compañero de trabajo.
11. Es posible que se la haya interrogado.

Únicamente, sin entrar en más análisis del tipo de arma utilizada, *modus operandi* y periodo de enfriamiento (con los cuales se puede saber, además de otras variables, su horario de trabajo) se obtendría un perfil contextual, que, si la Perfilación Geográfica sitúa su vivienda o su lugar de trabajo en una zona concreta, pueda investigarse a fondo a todas aquellas personas que cumpliesen el Perfil, y poder llegar a resolver el asunto lo más rápidamente posible.

Ahora bien, volviendo a insistir en un paradigma que parece fundamental, el Perfil Criminal debe basarse en premisas totalmente científicas, ya que, si se falla en la realización, puede que se invierta un tiempo precioso en investigar a sujetos que nada tienen que ver con el hecho.

Otro dato a tener muy en cuenta a la hora de analizar la figura del autor, y aunque en otro apartado como es este está muy vinculado al *modus operandi*, es el tipo de arma utilizada en el acto, pues da información valiosa sobre la personalidad del autor.

En España se cometen menos delitos con arma de fuego (al menos delitos seriales) que en otros países. Esto corresponde con la mayor dificultad en obtener una (ya sea de manera legal o ilegal) que en otros países como EE.UU. En España la mayoría de los crímenes cometidos con arma de fuego son perpetrados con escopetas de caza con su permiso en vigor, y cuando se hace con otras armas de fuego suele corresponder al crimen organizado o bien a sujetos con fácil acceso a ellas (el ejemplo está en el llamado Asesino de la Baraja, que trajo, al ser militar, una pistola camuflada desde un país en conflicto).

Pero, de manera somera se puede clasificar las

armas utilizadas en un hecho de la siguiente manera:

TIPOLOGÍA DE ARMA	CARACTERÍSTICAS
Armas blancas	Los actos cometidos con armas blancas suelen denotar ensañamiento, las heridas producidas, la zona de estas, pueden otorgar características valiosas para el Perfilador.
Armas de fuego	En este caso se debe diferenciar entre armas de corto y largo alcance. Las de corto alcance proyectan una relación más estrecha entre víctima y victimario. Las armas de largo alcance suele corresponder a un Perfil en cuanto a la Victimología más alejado. Suele corresponderse con terroristas.
Armas fetiche	Las armas fetiches son aquellos objetos que no son armas pero se utilizan como tal porque el autor les da un carácter especial (por ejemplo la asfixia con una media, caso de Joaquín Ferrándiz).
Sin armas	El asesinato sin armas, normalmente por asfixia con las manos, suele denotar una proximidad psicológica con la víctima, ya sea por venganza,... el Perfil Victimológica, las características coincidentes entre

	ellas, dará las claves para elaborar un buen Perfil Criminal.
Armas de oportunidad	- Las armas de oportunidad son, o bien armas como tal u objetos que, estando en la escena del crimen, son utilizadas por el autor para cometer el acto. Los psicópatas no suelen utilizar armas de oportunidad, debido a la planificación del hecho. Puede que las utilicen para rematar a la víctima.

Las armas dan al Perfilador gran información sobre la caracterología del autor. Cabe mencionar y profundizar en dos aspectos fundamentales. En primer lugar el concepto de "ensañamiento" y en segundo las "armas de oportunidad".

El ensañamiento debe diferenciarse en dos fases, por un lado la jurídica, que refiere que existe ensañamiento cuando se excede en brutalidad, es decir, cuando se realizan acciones más allá de lo necesario para dar muerte. En la Perfilación Criminal, además, se entiende por ensañamiento las acciones realizadas después de la muerte. El ensañamiento entraña algo personal, no tiene porque ser contra la víctima en sí, pues esta será principalmente desconocida, sino contra lo que representa. Y por otro lado, las armas de oportunidad. Como se ha explicado, las armas de oportunidad no serán utilizadas por un psicópata "puro" ya que en la planificación del hecho estará el pensamiento sobre el arma utilizada. Pero sí es posible que, tras el hecho, por rabia, venganza y/o ensañamiento, utilice un arma de esta tipología.

Por último, cabe destacar la motivación de cualquier asesino a la hora de cometer un hecho. Mucho se ha discutido, estudiado y analizado sobre dicha casuística. Normalmente, se relaciona la motivación con el concepto de sexualidad. "Las personas psicopáticas cometen sus hechos movidos por una motivación sexual". Esto no es del todo cierto, la motivación de un psicópata, como la de la mayoría de los delincuentes seriales, es una motivación de excitación, que no tiene porque corresponder siempre con una excitación sexual. Puede ser una motivación de excitación de poder, de subyugar, de ser más listo que los investigadores,... aunque no se debe ausentar el pensamiento de que, en una gran mayoría de los casos, sí existe una motivación sexual.

Por ello es tan importante estudiar las heridas producidas, el ensañamiento y el *modus operandi*. Mucho se ha discutido sobre el significado psicológico de las heridas. Así, por ejemplo, las puñaladas de un asesino que las realiza a la altura del abdomen suelen representar psicoanalíticamente la penetración de un acto sexual, pudiendo observar en las heridas ejercidas, que las últimas puñaladas suelen ser más rápidas y violentas que las primeras. Se suele extraer de esta idea que el autor "vivía" en su cabeza un coito. Muchos son los perfiladores que de ahí suelen deducir que el autor tiene disfunción eréctil o incluso eyaculación precoz, pero siendo científicos, lo único que se puede categorizar es que tiene algún tipo de problema (que no trastorno) sexual. Lo que para muchos podría ser una parafilia[23] para él es algo normalizado.

Se expondrán algunas indicaciones generalizadas y generalizantes del significado psicológico que tienen ciertos signos del *modus operandi* de un asesino. Lo primero que se tiene que separar es qué aspectos son parte del *modus operandi* y cuáles de la Firma, ya que, la primera puede variar, evolucionar, mientras que la segunda no lo hace.

VÍCTIMA	PSICOLOGÍA INTERNA
Víctima con ojos cerrados.	Pena del autor tras realizar el hecho.
Cara tapada postmortem (significa que no se trata del *modus operandi*).	Sentimiento de culpa. Posibilidad de conocer a la víctima.
Desmembramiento (no se tiene que tratar de la conciencia forense).	Cosificación de la víctima. Desprecio total por ella. Ira.
Violación postmortem.	Cosificación posesiva.
Estrangulamiento.	Necesidad de sentirse superior.[24]

---

[23] Desviación sexual.
[24] Existen grados dentro de la necesidad de poder, de sentirse superior. Es muy probable que del informe forense se pueda concluir que el agresor apretaba fuertemente el cuello de la

Víctima vestida y/o arreglada postmortem.	Puede significar arrepentimiento o recreación, para él es como culminar su obra.

Estos son solo algunas de las posibilidades que el Perfilador se encontrará a lo largo de sus investigaciones. ¿Por qué es importante conocer lo que sentía el autor al realizar el acto? Si se sabe lo que sentía, puede orientar aspectos concretos de la investigación.

2. Psicóticos

Los psicóticos en el acerbo popular, son definidos como "locos", "dementes",... Normalmente, y, basándose en prejuicios criminológicos, las personalidades psicóticas son sujetos con una enfermedad mental. Sin perjuicio de ahondar en la explicación siguiente, por tratar y dirigirse este manual a profesionales de la investigación criminógena, únicamente se hará mención al pensamiento de equiparar enfermedad mental con criminal. La enfermedad mental no es sinónimo de criminalidad, de sujetos violentos, pues en el ser humano confluyen ámbitos y áreas alejadas de la mental que influencian su capacidad criminal. El

---

víctima y cuando estaba a punto de ahogarse, lo soltaba para que respirara. Esto es la necesidad de poder y de sentir que es él quien controla su vida. Cuantas más veces lo haya hecho, más necesidad de control sentirá, y probablemente, menos control sobre él tenga, lo que significará que más rápido sentirá la necesidad de volver a matar.

ser humano no es un ente abstracto ni simple, todos se componen *grosso modo* de tres esferas, así se puede concluir que el hombre es psico-bio-social, es decir, con componentes psicológicos (cognitivos, mentales), biológicos (conducta, fisionomía, genéticas,...) y sociales (interacción con el medio) y todas ellas deben ser tenidas en cuenta a la hora de afirmar cualquier aseveración sobre la unión de conceptos, por lo que es simplista y erróneo aunar enfermedad mental (esfera psicológica) con criminalidad sin tener en cuenta, analizar y estudiar las otras dos.

Dicho esto, las personalidades plenamente psicóticas actúan de manera irracional e irreal (entendiendo irreal como "fuera de la realidad") normalmente en el "delirio" de una enfermedad mental. Otra vez, haciendo una comparación entre la ficción y la vida real, es harto complicado, al contrario que ocurre en los perfiladores televisivos y cinematográficos, lograr, con el análisis de las escenas o escena del crimen, llegar a conocer la concreta enfermedad que tiene, y dicho sea de paso, no es lo más importante dentro de la investigación y realización del Perfil Criminal. El investigador es un Criminólogo, no un Psiquiatra.

Lo realmente importante es saber, dentro de esa pérdida de contacto con la realidad, cuál es la causa. Varias pueden ser las razones:

1. **Alucinaciones.** auditivas, representativas, sensoriales,...

2. **Ataques visionarios y/o mesiánicos.** Cumplen una misión encomendada.

3. **Delirios producidos por la ingesta de sustancias o por la falta de tratamiento psiquiátricos.**

Esto sí puede deducirse de un exhaustivo análisis de las escenas del crimen, de la casuística de la misma. ¿Cuáles son las grandes diferencias entre los asesinos psicópatas y los asesinos psicóticos?

Como bien se ha mencionado anteriormente, los sujetos psicópatas que cometen crímenes suelen ser llamados "asesinos en serie", esto, en el argot criminológico supone el haber llevado a cabo 3 o más actos delictivos con un periodo de enfriamiento entre ellos y haber sido ejecutados en lugares geográficos distintos. En el caso de las personalidades psicóticas que cometen actos delictivos no suele hablarse de asesinos en serie, aunque después se analizarán supuestos en los que sí cumplen estas características. Normalmente suelen ser denominados como "Asesinos en masa", esto quiere decir que, en una pérdida de la realidad, cometen en un mismo lugar geográfico varias, normalmente más de 5 víctimas en un corto espacio de tiempo, normalmente la duración aproximada del delirio. Un buen ejemplo puede ilustrarse con las matanzas ocasionadas en los Estados Unidos por estudiantes que, armados con armas de fuego entran en los centros educativos y producen en unos minutos matanzas en ocasiones multitudinarias y que, y esta es otra característica, suelen acabar en suicido. Existen autores que especifican y separan, como Jorge Jiménez Serrano, entre asesino en masa y asesino frenético:

"*Asesino en masa: Un asesino en masa que mata a cuatro o más víctimas en un mismo momento temporal y lugar. No existe período de enfriamiento porque los asesinatos se producen de forma sucesiva o con muy poco espacio de tiempo entre ellos. El lugar no tiene que ser un mismo espacio donde se concentren todas las víctimas, sino que puede haber desplazamiento por la zona, sin que ello implique viaje o alejarse excesivamente del lugar donde comienzan los asesinatos.*

Asesino frenético: Un asesino que mata a dos o más víctimas en un período de tiempo consecutivo y en dos o más lugares. El tiempo que transcurre entre un asesinato y otro no se debe a un período de enfriamiento, sino que es el tiempo que transcurre hasta encontrar una nueva víctima. En este caso habría que hablar más de viaje que de desplazamiento, se requiere movilidad geográfica del asesino. Se podría decir que el asesino no deja de matar, no habría individualización de cada víctima, el asesinato es parte de una serie consecutiva"[25].

---

[25] "Manual práctico del perfil criminológico. *Criminal profiling*". Jorge Jiménez Serrano. Lex Nova. 2010. Páginas 154-155.

Siguiendo el esquema antes utilizado para las personalidades psicopáticas, se realizará el mismo proceso con las personalidades psicóticas (sin volver a hacer referencia a lo ya mencionado en el apartado anterior respecto a estos últimos).

CARACTERÍSTICAS PERSONALES	CARACTERÍSTICAS PROFESIONALES
No suelen tener antecedentes penales, y si los tienen suele ser por las mismas causas. No existe escalada criminal.	Nivel formativo bajo.
Infancia normal.	Suele ocupar un puesto laboral de baja cualificación y mecánico en su *qué hacer*.
Suelen vivir acompañado por los progenitores (normalmente la madre) o en su defecto, por su tutor.	Precariedad laboral.
Sin relaciones personales estables.	Introspectivo tanto a nivel social como laboral.
Personas introspectivas con mala integración social.	Suele trabajar cerca de su domicilio.
Poco poder de atracción y seducción. Socialmente nulos.	Mediocridad en el desempeño laboral.
Desorganizados en su vida personal.	Pasará desapercibido para sus compañeros, aunque

	lo tratarán como "el raro".
Consumo de farmacología. Es posible que los haya dejado en el momento del acto.	
Se mostrará nervioso, compungido y culpable en su detención.	
Posibilidad de suicidio tras el acto.	
Descuidado en su aspecto personal.	
No tendrá el menor interés en el seguimiento judicial e investigativo de sus actos.	
Es posible que se declare culpable si se le interroga. Si no se actúa con inmediatez, es posible que huya, geográficamente hablando, del lugar de los hechos.	
La edad en la que cometen los actos delictivos más significativos suele oscilar entre los 25 y 35 años.	

Las personalidades psicóticas son, si cabe, más impredecibles en sus actos que los delincuentes con personalidades psicopáticas, pues son explosivas, menos reflexivas a la hora de cometer sus actos, aunque, sí es cierto, que las investigaciones suelen dar mayores y más rápidos resultados.

Por lo tanto, cuando el investigador se encuentra ante escenas criminales desorganizadas debe comenzar a dar vueltas la posibilidad de que se trate de una personalidad psicótica, que haya realizado dicha acción de manera explosiva, sin consciencia forense, y, sobre todo, debe comenzar a realizar acciones para determinar si ese ha sido su acto o en ese mismo momento está realizando otro.

3. Asesinos mixtos

Todo sería muy fácil para el investigador criminal en general y el Perfilador en particular, si cualquier hecho delictivo de estas características denotara los ítems diferenciadores ya analizados, pues el único trabajo del Perfilador sería "encasillar" al sujeto desconocido en una de las tablas y tendría ya por donde comenzar el Perfil Criminal. Pero como se ha mencionado varias veces a lo largo de este manual, cuando se trata de personas nada es hierático, ortodoxo y cerrado, y en la mayoría de ocasiones las personalidades de los sujetos criminales seriales o masivos no corresponde a una personalidad única y estándar sino que son clasificados como "personalidades criminales mixtas". Este concepto no ha sido muy estudiado en la historia de la Criminología. En el FBI, donde se puede decir que nació a nivel operativo la técnica del Perfil Criminal, únicamente trataban de manera oficial con las personalidades organizada (psicopática) y desorganizada (psicótica) ya que, la técnica estaba "en pañales" y es objetivo de los nuevos Criminólogos ir profundizando en ella. En muchas ocasiones, y, siendo una opinión personal de los autores, con el único motivo de llegar al gran público y vender más, no se ahonda en este tipo de personalidades pues la Perfilación Criminal se complica y comienzan los problemas y las dudas para los investigadores. Pero, siendo el objetivo de este manual el formar a verdaderos profesionales en la Perfilación Criminal, se cree de obligatorio el análisis.

Para ilustrar con un ejemplo sencillo este tipo de personalidades, se vuelve a insistir, que corresponde a la mayoría de los asesinos seriales, se relata lo siguiente.

Escena de los hechos. Se hallan tres cadáveres. La Victimología corresponde a tres mujeres de mediana edad (entre 50 y 53 años), morenas, sentadas en el sofá de sus domicilios. La puerta no ha sido forzada ni se han encontrado indicios lofoscópicos ni de ningún tipo en la Inspección Técnico Policial.

Las tres víctimas aparecen con la cara prácticamente desfigurada por fuertes golpes a la altura craneal izquierda, y todas con los ojos cerrados. Nada ha sido removido, todo parece estar en su sitio.

En este caso, el investigador podrá deducir desde un principio las siguientes características del autor:

1. Se trata de una persona con consciencia forense.
2. Los ataques han sido súbitos y explosivos.
3. Al cerrarles los ojos, denota cierto arrepentimiento y pena por las víctimas.
4. Parece que o las conocía o se ha hecho pasar por alguien a quien todo el mundo abriría la puerta.

Se observan características de ambos tipos de personalidad:

1. Consciencia forense.
2. Ataque súbito y explosivo.
3. Posible conocimiento de las víctimas.
4. No ha habido cosificación, al menos total, de las víctimas.
5. Arrepentimiento ulterior.
6. ...

¿Cómo debe entonces analizar el Perfil Criminal el investigador?

El primer pensamiento que debería tener el Perfilador es el pensar que, dentro de la formación de una personalidad, de un carácter, "dividido" en dos maneras de ser (psicopatía y psicótico), una de ellas siempre predominará. Por otro lado, también se tiene que tener en cuenta que en muchas ocasiones puede que el Perfilador se encuentre con autores que no sean psicópatas, ni psicóticos, ni mixtos, sino que tengan rasgos de personalidad de alguna de ellas, de varias o de todas, aquí, el proceder será el mismo, pero calculando la importancia que se dará a cada "estanco" o rasgo de personalidad.

Por lo tanto, lo primero es conocer qué rasgos o tipo de personalidad predomina, pues encauzará el perfil a dar más o menos importancia a esa zona de influencia mayor. Tal vez, por ejemplo, el investigador puede encontrarse con una víctima brutalmente atacada en la zona facial, que representa ira y odio, pero todo a su alrededor proclama una gran conciencia forense, una gran "limpieza", un detallismo por borrar cualquier huella que haga pensar que, su parte psicópata predomina.

En segundo lugar, se deberá analizar todas las conductas organizadas y desorganizadas que presentan y ver cuáles pueden ser complementarias y auxiliares. Póngase un ejemplo.

Los investigadores se encuentran con tres víctimas, cuyo ataque ha sido tremendamente violento, existe conciencia forense, y signos de arrepentimiento post-mortem. Todas las víctimas han fallecido entre las 17h y 18h de los viernes. En este caso, el Perfilador obtendrá rasgos de una personalidad mixta, y no le costará deducir que ese horario tiene que ver con la vida del sujeto. Pero, sabiendo que dicha personalidad es mixta, y que la brutalidad del ataque hace predominar un tipo de personalidad psicótica por encima de la psicopática, no se debe únicamente centrar en buscar una persona que trabaje por los alrededores o que vaya con frecuencia cuyo trabajo le deje libre esas horas, sino también podría informarse e investigar si existe algún centro psiquiátrico, por ejemplo, en el cual durante esas horas algunas personas puedan salir sin control[26].

En tercer lugar, y de manera transversal, se deben estudiar los casos seriales en cuestión de linealidad. Se debe tener en cuenta la "evolución" criminal del sujeto. Qué cambia, cómo lo cambia,... en el *modus operandi*, de acto en acto. La evolución de esta característica es harto importante a la hora de analizar y conseguir averiguar la predominación de su personalidad, hasta dónde está dispuesto a llegar, su motivación y sus "ganas" de repetir sus actos.

La Perfilación Criminal como método de investigación debe ser tenida en cuenta como un método auxiliar de investigación transversal a toda pesquisa. Cuantos más datos se recaben, más

---

[26] *N.A.: Llegados a este punto, quisiera resaltar que, los ejemplo expuesto son generalistas y de fácil comprensión, siendo la realidad bastante más complicada, pero la ilustración simple y general ayuda a la mejor asimilación de los conceptos.*

certero será el perfil. En un primer momento, puede que el futuro Perfilador se sienta desmotivado o con la sensación de haber adquirido pocos datos sobre sus futuras investigaciones. Pero este es un error común a la hora de enfrentarse a los primeros casos por parte de un Perfilador nobel en los que se requiera la realización de un Perfil Criminal. Los datos van a ser diferentes en cada caso, lo que sí tiene que aprender y aprehender el futuro Perfilador es la metodología, la herramienta, en fin, la técnica a seguir. Es decir, es más importante entrar en una escena, póngase una habitación, y saber mirar, que creer que se va a entrar a una habitación y que con un solo vistazo se va a saber hasta la marca de ropa interior del autor. ¿Qué se quiere decir con ello? Cuando el Perfilador se encuentre con su primer caso, únicamente deberá seguir los pasos antes estudiados, que se resumen a continuación:

1. Antes de llegar a la escena del hecho el Perfilador debe concienciarse del paradigma ortodoxo *"lo que verás es fuente de excitación para el autor"*. Con lo que deberá dejar atrás sus prejuicios y juicios de valor.
2. Al entrar en la escena deberá estudiar la contextualización del miso desde un punto de vista geográfico (situación en el mapa (esto puede hacerse incluso antes de llegar)) y criminológica (organizada/desorganizada/mixta).

3. Tras estudiar ambos conceptos (geográfico y

criminológico), podrá centrarse en la víctima (aspectos médicos y psicológicos).

4. Una vez realizada dicha tarea, si no es el primer acto, comparará con los anteriores. Y verá las conexiones o desconexiones entre ellas.

5. Dividirá el objetivo de estudio en Escena, *Modus Operan*di, Firma, Victimología y Geografía.
6. Una vez realizados dichos pasos, comenzará a hacer el Perfil Criminal.
En las primeras ocasiones resulta difícil el no comenzar a perfilar desde el primer momento, ya que estas indicaciones no dejan de ser una guía escrita sobre el papel, la realidad empuja a conjeturar, no solo por la propia naturaleza humana, sino que, en el día a día de la investigación, por ejemplo, de manera transversal a todos estos pasos, el Perfilador irá recibiendo continuamente y en goteo información forense, médica, científica,... de sus compañeros, lo que hará incluso más difícil el olvidarse de las conjeturas hasta el final, pero, con la experiencia, debe conseguirse.

4. Agresores sexuales

Los agresores sexuales son un tipo de criminal a los cuales los Perfiladores tendrán que hacer frente y en los cuales la Perfilación Criminal puede ser una de las mejores armas para su captura.

Se tiende a pensar de manera generalista que prácticamente cualquier crimen realizado contra personas (asesinos seriales, ataques violentos, en grupo, agresiones,...) tiene como objetivo la búsqueda de placer sexual. Esta aseveración suele deberse a que en el estudio y análisis de la génesis de la criminalidad y en las clases de Criminología suele tratarse a los delincuentes como personas dominadas por el atavismo bio-psico-social, es decir, pensadas para calmar sus deseos más prehistóricos sin tener en cuenta las limitaciones humanas y sociales del contexto en el que viven. Pero esto, una vez más, es una generalización que el Perfilador no puede permitirse, ya que si así fuese, sus perfiles serían totalmente erróneos. Debe admitirse que la sexualidad forma parte del ámbito más atávico y animal del ser humano, pero es un grave error pensar que es la única motivación atávica del mismo. Tan antiguo es el deseo sexual como el deseo de poder o de control sobre los demás, no debe olvidarse que el ser humano es un animal social. Y, a diferencia de la creencia popular, el deseo de control y poder es incluso más antiguo que el deseo sexual, pues, atávicamente, cualquier animal podría reproducirse sexualmente, pero solo podían optar a hacerlo aquellos que poseían poder y control sobre los demás.

Es por ello que en muchas ocasiones la sexualidad en los agresores sexuales es la herramienta para llegar a su deseo de sentir el control sobre otra persona con el fin de saciar su deseo de poder.

Existen varias tipologías de agresores sexuales, en el caso del presente manual, se va a seguir la realizada por el FBI en sus investigaciones y realización de perfiles criminales a agresores sexuales. Pero, en vez de basar la diferenciación en aspectos psicológicos, los cuales son en ocasiones ambiguos, se va a realizar en dos grupos, divididos a su vez en subgrupos teniendo en cuenta un aspecto que el Perfilador podrá desdeñar con bastante rapidez una vez estudiada la Victimología, la cual, en la mayoría de los casos podrá ser interrogada. Este ítem es la cosificación[27], o no, de la víctima.

Es fácil para un Perfilador, estudiando y analizando la Victimología del caso, conocer el mayor o menor grado de cosificación de la víctima. Partiendo de aquí, se obtiene la siguiente clasificación.

COSIFICACIÓN DE LA VÍCTIMA	NO COSIFICACIÓN DE LA VÍCTIMA
Violador egoísta o violador brutal.	Violador pseudo-generoso o violador empático.

Violador egoísta o brutal. Por este tipo de violador se entiende aquel que en la consciencia

---

[27] Cosificación entendida como tratar como objeto inanimado, sin ningún sentimiento, a la víctima.

colectiva se puede clasificar como el "prototipo de violador". Cosifica a la víctima hasta sus últimas consecuencias, no la tiene en cuenta en absoluto y siente un total desprecio por su integridad. Desea humillarla de manera agresiva para desatar su furia y sentirse poderoso. Ese es el camino que escoge hacia su sentimiento de control sobre ella y poder. Para la víctima, sus gritos, lloros y ruegos no le servirán, ya que el violador hará cualquier cosa para cumplir sus deseos, sintiendo que es un objeto que puede utilizar como le convenga. No tiene en su mente matarla. El "camino" hacia ese control, hacia ese sentimiento de poder es lo que realmente le interesa, es su "camino" y a la vez su objetivo. Si la víctima fallece es muy probable que sea a consecuencia de los traumatismos y heridas producidas con el fin de controlarla.

Estos sujetos son extremadamente violentos en sus actos, suelen planificar de manera metódica los mismos y suelen presentar rasgos psicopáticos, y por supuesto, parafilias. Su grado de agresividad marcará su periodo de enfriamiento psicológico. Es decir, a mayor agresividad, menor tiempo de enfriamiento psicológico entre agresiones, mayor necesidad de volver a llevar a cabo un ataque.

En su vida diaria suelen ser personas introvertidas[28]. Suelen vivir solos o con su progenitor,

---

[28] En general los violadores suelen ser personas introspectivas en su vida social, sin relaciones entre sus iguales y con una monotonía diaria exacerbada.

normalmente materno. A pesar de que suelen haber vivido de manera directa o indirecta violencia a lo largo de su infancia y adolescencia, no es un requisito indispensable (al contrario de lo que se piensa) para que se conviertan en violadores. Tienen una concepción del sexo totalmente errónea y suelen desprestigiar a las mujeres como género aunque es raro que den su opinión en público. Serán sumisos en sus puestos de trabajos, acatando órdenes por muy absurdas que sean y es raro que pierdan el control fuera de sus actos criminales. Su edad suelen estar entre los 28 y 45 años. Suelen haber cometido pequeños delitos como exhibicionismo,... para ir escalando hacia una linealidad criminal que "termina" en las violaciones.

Su formación suele ser medio-alta, y les interesa la competitividad dentro de la empresa. No se debe olvidar sus ansias de control y poder y esto, en sociedad, suele estar representado por los puestos laborales. Solo podrá aflorar su personalidad criminal fuera de sus actos si alcanza puestos en los que se crea con el poder y la confianza de comenzar a ser tiránico, y puede comenzar a dar señales de su personalidad criminógena.

A diferencia de algunos perfiles ya estudiados, no existe esa necesidad de seguir la investigación policial ni regocijarse en sus actos, aunque es posible que se lleve de la escena del hecho algún trofeo. Cuando realiza una violación, para él es pasado y no necesita revivirla de manera tan intensa como los psicópatas. Si se le interroga a lo largo de la investigación mantendrá su "postura oficial", de sumisión, introspección, y no colaboración.

Violador pseudo-generoso o violador empático. Es una contradicción llamar a un violador generoso o empático, pero el Perfilador debe diferenciarlo siendo consciente de que son adjetivos para llevar a cabo un Perfil Criminal.

En este caso, el Perfilador se encontrará con un sujeto diferente en sus formas pero no en sus necesidades de control y poder. El camino que escogerá será el que podría calificarse de "dialogante". Intentará convencer a la víctima verbalmente aunque si esto no funciona empleará la violencia más que la agresividad. En estos casos es muy probable que la negativa y gritos de la víctima le hagan desistir y huya.

En estos violadores existe un arrepentimiento de sus actos y es más probable conseguir una confesión apelando a este sentimiento. En su comportamiento social no difiere mucho del anteriormente analizado. Introspección, incapacidad de relacionarse con sus iguales,...

Su perfil personal y profesional suele ser el siguiente: Nivel formativo bajo-medio, sin gran afán de escalar profesionalmente. Preferirá los trabajos rutinarios y anónimos. No dará muestras de su personalidad criminal salvo, en ocasiones muy puntuales un cierto acercamiento dudoso que se cortará en cuanto obtenga una negativa. Es, tal vez, más complicada su localización en el ámbito social que el violador egoísta, pero por otra parte es más fácil conseguir una confesión del hecho.

A continuación, se centrará la atención en un tipo de violador que, siendo una subclasificación del violador egoísta o brutal tiene especial interés para el Perfilador. Se trata del **violador sádico**.

Este tipo de violador encuentra una satisfacción sexual en el sufrimiento de la víctima, más específicamente en el sufrimiento por él causado. Cosifica de manera brutal a la víctima, desprendiéndola de todo atisbo de humanidad.

A pesar de que en un primer momento, al ver la escena o escenas del hecho, podría parecer un criminal desorganizado, por la brutalidad y crueldad de la escena, son sujetos meticulosos y planificadores. Saben de la importancia jurídica de su acto y ponen todos los medios para no dejar huellas en el escenario. Son "depredadores" y como ellos, "cazan" de manera detallista y planificada.

Su objetivo no es dar muerte a la víctima sino excitarse con el sufrimiento de la misma. La muerte suele sobrevenir por las heridas infringidas. Un sádico no quiere únicamente el placer sexual del coito, por lo que es probable que los investigadores se encuentren con víctimas que no presentan penetración o penetración post-mortem. Pero no debe confundirse con otro tipo de personalidad. A pesar de no haber penetración, debe tratarse como violador.

Este tipo de violadores presentan unas características personales y profesionales las cuales se pueden categorizar de normalizadas.

Profesionalmente tienen una formación alta, en su puesto de trabajo están totalmente integrados, a pesar de que se sientan por encima de todos sus compañeros, incluidos superiores. Es probable que se enfrente en las discusiones en las que haya más personas (por ejemplo en una reunión) pero no lo hará cuando la discusión se lleve a cabo con una única persona. Aceptando la crítica, pero viviéndola de manera adulterada, es decir, pensando que esa persona es su enemiga acérrima.

En su faceta personal es muy probable que viva solo. A pesar de ello está "capacitado" para vivir en pareja, y aunque no será capaz de llevar una relación estable es posible que las haya tenido. Interrogando a sus parejas se comprobará que tienen una opinión como persona "un poco raro". Intentando dar rienda a sus actitudes, pero sin insistir, aceptando la negativa. Esto aumenta la necesidad y el deseo de realizarlo con sus víctimas de manera más cruel y violenta.

Criminológicamente se debe apuntillar que gozan de una gran conciencia forense. Es posible que sigan las investigaciones por miedo a ser detenidos, no por querer ser más listo que los investigadores. Es posible su confesión, pero al contrario que los violadores empáticos, no habrá que hacer hincapié en el lado emocional y en su mala conciencia, sino en la posibilidad de atraparle y que no pueda volver a realizar sus actos. Tiene una concepción de la sociedad malformada. Piensa que tiene la potestad para hacer lo que hace, por lo que el arrepentimiento no forma parte de la estrategia a seguir en el interrogatorio.

Este tipo de violadores no mostrará ningún síntoma emocional en su captura, jactándose de sus actos una vez haya comprobado que será condenado. No negará los hechos pero no se arrepentirá ni pedirá perdón.

5. Terroristas

Es algo chocante en un manual sobre Perfilación Criminal introducir la figura del terrorista. Pero se cree que es importante analizarlo como fenómeno y como tipología criminal. El terrorismo es una lacra que vive la sociedad internacional y que debe ser estudiado.

Por ello se comenzará por hacer una afirmación que suele crear, al menos, asombro. Y es que el terrorismo político, técnicamente no existe. ¿Por qué se asevera esto? Por una cuestión socio-cultural. Los terroristas llamados políticos se hacen, no nacen. Puede existir una predisposición caracterológica para emprender acciones terroristas, pero para llegar a ser catalogado como terrorista (político) la influencia cultural y social es la clave. Póngase un ejemplo. Un terrorista de extrema derecha, si hubiese seguido la misma "ruta de vida" pero en una conceptualización de extrema izquierda, es muy probable que se hubiese convertido en un terrorista con esta ideología radical. Por lo que, en cuanto al cognitivismo personal, el terrorismo político no existe como predisposición personal.

Ahora, ¿Cómo puede ayudar la Perfilación Criminal en la investigación terrorista? En primer lugar, los Perfiladores deben tener claro que el terrorismo como concepto criminológico ha cambiado sustancialmente en relativamente pocos años. Antes, las organizaciones terroristas eran concebidas como grupos armados pertenecientes a ideologías radicales que luchaban como ejércitos paramilitares por objetivos políticos. Esta era la definición y sus actuaciones en todo lo largo y ancho del mundo eran similares. Se organizaban en grupos localizados. Desarrollaban acciones de guerrilla e intentaban obtener la mayor difusión del terror posible con sus acciones.

Esta concepción ha sido modificada en pocos años. Ante las nuevas amenazas terroristas, los investigadores y expertos analistas se encuentran ante una "nueva" manera de terrorismo. A pesar de seguir constituyéndose en grupos, el terrorismo ha pasado de ser un problema local y localizado a ser internacional. Las acciones han pasado de ser "de guerrilla" a ser solitarias e indiscriminadas *("lobos solitarios")*, los objetivos han pasado de ser políticos a ser cualquier civil, de ser individuales a colectivos,... La organización y estructura de los grupos terroristas ha cambiado sustancialmente. Antes era impensable que un terrorista no recibiera las órdenes directas, ahora pueden hacerlo a miles de kilómetros.

Esta modificación en las organizaciones terrorista ha cambiado también el perfil de los terroristas. El Perfil Criminal de un terrorista está bastante alejado de lo que se tiene en el inconsciente colectivo y es que, a tenor de lo que se podría pensar, personas marginales, analfabetas,... el Perfil no es tan sencillo.

En un primer momento se debe conocer mínimamente la estructura de un grupo terrorista. En general son grupos jerárquicos, unidireccionales, totalmente verticales en donde un solo individuo, o un grupo muy reducido, controlan toda la estructura. Estos sujetos controlan toda la organización, y en muchas ocasiones no tienen contacto directo con los llamados "soldados", los que cometen directamente los atentados.

Estas personas suelen presentar un perfil con rasgos psicopáticos:
1. Falta de empatía.
2. Desprecio por la vida.
3. Egocentrismo exacerbado.
4. Ideas megalomaníacas.

En cuanto a su perfil personal suele ser el siguiente:

1. Formación alta.
2. Coeficiente intelectual alto.
3. Ataques frecuentes de ira.
4. Capacidad para diferencias el bien y el mal. Pero creencia total de que ellos son los que actúan correctamente.
5. Gran poder de seducción, persuasión y manipulación.
6. Nivel adquisitivo alto.
7. Edad: Entre 35 y 55 años.
8. Normalmente con familia o pareja sentimental a la cual hace partícipe.

Justo por debajo de la figura carismática del líder, normalmente un líder carismático-dictador, se encuentran los "terratenientes". Estos sujetos serían los enlaces entre la cúpula y los "soldados", aquellos que llevan a cabo las acciones. Su perfil corresponde en la mayoría de los casos a los de los líderes, pero con rasgos menos acentuados. El rasgo más diferenciador es que profesan una admiración al líder, normalmente porque este en algún momento le ha ayudado o le ha captado de manera que crea un vínculo de lealtad inquebrantable. Esta unión suele deberse o a "un favor" o a una captación psicológica importante. Esta descompensación entre los rasgos de su personalidad, que en un primer momento desequilibraría la balanza debido a su gran dependencia de su "jefe", la equilibra por un total desprecio por los "soldados", despreciando tanto su vida como la importancia dentro del grupo.

Por último, están los llamados "soldados", aquellos que llevan a cabo *in situ* las acciones. Este perfil es el que más ha mutado y cambiado en el análisis de entidades terroristas. Actualmente, el perfil de estos "soldados" es el siguiente:

1. Formación media-alta.
2. Edad: 19-32 años.
3. Desprecio por su vida y la de los demás.
4. Seguimiento incondicional al líder.
5. Capacidad nula de autocrítica.
6. Desempleados.
7. En su mayoría NO provienen de zonas rurales.
8. Hombres para las acciones. Mujeres para las tareas cotidianas. Los grupos terroristas, independientemente de su ideología, tienen una división machista del trabajo.

9. Si son *lobos solitarios* no conocen al grupo pero se sienten integrantes del mismo.
10. Alta influenciabilidad.
11. Incapacidad de soportar el fracaso social.

La desestructuración familiar, a pesar de lo que se piensa, no es una condición *sine qua non* del Perfil Criminal. Suele confundirse esta desestructuración con el fracaso social. La intolerancia al fracaso social (escolar, entre sus iguales,...) no hace que aumenten las posibilidades, sino mella sus defensas y los hace más vulnerable. Si una vez vulnerable, contextualmente, se encuentra en una zona en la que es más fácil su captación, esta se dará, pero la desestructuración familiar no es lo más importante, a pesar de lo que se dice comúnmente.

6. Breve apunte sobre la Victimología y la autopsia psicológica

En cualquier situación donde se enfrenten dos o más personas existirá al menos una víctima. Hasta hace relativamente poco la Criminología, cuando estudiaba un hecho delictivo, prestaba prácticamente toda su atención al delincuente y muy poca a la víctima.

La Víctimología, como parte vital del estudio de un hecho criminológico (que no criminal), es tenida en cuenta desde no hace mucho de manera científica. La Victimología estudia a la persona víctima de un acto con el fin de conocer detalles desde el punto de vista del que sufre, y conocer ambas partes del hecho. La del agresor y la del agredido.

Es una ciencia que estudia científicamente a la víctima y su papel en el hecho delictivo.

En la Criminología, existen diferentes maneras de estudiarla. Por ejemplo, en la "Perfilación Criminológica", "*técnica para inferir las características de los individuos responsables de actos criminales* (Turvey 2008)", suele utilizarse el conocimiento de la víctima para encontrar similitudes entre ellas y así, poder establecer conexiones y puntos comunes que deriven en el conocimiento psicológico del autor, respondiendo a ¿por qué? elige ese tipo de víctimas y así, establecer un perfil en el que encaje el agresor. La Perfilación Criminal no pretende señalar a un sospechoso, sino más bien descartar a los que no cumplan el perfil realizado. Para ello, normalmente, sobre todo en casos de homicidio o asesinatos seriales, donde la víctima suele morir, se utiliza la técnica de la autopsia psicológica para el conocimiento de cómo era y pensaba la víctima.

La autopsia psicológica puede definirse como un proceso de recolección de datos que permite reconstruir el perfil psicológico de una persona y su estado mental antes de su muerte, que normalmente suele ser por causa dudosa que debe ser explicada (suicidio, homicidio, asesinato, muerte accidental o natural). Dicha técnica se basa en crear una "biografía psicológica" de la víctima bajo la tesis que en toda escena delictiva (y puede extrapolarse a cualquier escena humana o situación), tanto el delincuente como la víctima, además de rastros materiales y/o biológicos (estudiados por la Criminalística), también dejan rastros psicológicos (miedo, rabia, dolor,....). Estos rasgos psicológicos dejados en la escena del crimen son analizados junto a los datos biográficos y rasgos psicológicos que dejaba la víctima en cada situación que vivió. Es decir, si por ejemplo, la investigación de un supuesto suicidio se plantea dentro de un contexto en el que se observan en la escena del crimen rastros de lucha, uñas rotas de la víctima (acciones defensivas), y, en su autopsia psicológica se descubre que era una persona alegre, sin antecedentes depresivos o distímicos, con una vida social y familiar estable,... es muy probable que se trate de un suicidio simulado.

Para la realización del estudio de la Víctima (tanto si es una autopsia psicológica como un estudio exploratorio o un conocimiento profundo de la misma), se intentará recabar el mayor número de datos objetivos, principalmente por medio de entrevistas a testigos, familiares,... es decir, información de primera mano que deberá ser escrutada y seleccionada para aportar al informe un estudio victimológico completo.

En el caso de la Perfilación Criminal, el conocimiento de la psicología y conducta de la víctima, su manera de pensar y actuar, será fundamental para el conocimiento del hecho. Se deberá conocer la Victimología para poder dar explicación al acto lo más objetivamente posible. Aplicando el estudio a la investigación pericial, se intentará analizar tanto la parte psicológica como jurídica de la víctima.

JURÍDICA	PSICOLÓGICA
Antecedentes penales y policiales.	Antecedentes psicológicos (enfermedad mental,...).
Mayoría/ minoría de edad.	Uso de drogas antes y/o durante la acción investigada.
Imputabilidad/ inimputabilidad.	Perfil agresivo (psicopatía/ psicosis).

Otro dato a tener en cuenta para el estudio de la Victimología es la llamada "Credibilidad del Testimonio". La aportación de esta prueba corresponderá a un Psicólogo Forense el realizarla, y, sobre todo, se utiliza en casos en los que están implicados menores. A pesar de ello, el Perfilador que investigue un hecho en su campo de actuación, con las pruebas objetivas y documentos que tenga en su poder, deberá prestar atención a las incongruencias, y, en el caso de que existan, saber diferenciar si se trata de una amnesia provocada por su propia fisiopsicología, o más bien, una falsedad testimonial consciente.

7. Entrevista / interrogatorio

Dentro de este apartado se analizarán someramente las diferencias y complementariedades de ambas técnicas aplicadas a la investigación. Además de sus conceptos teóricos, se desarrollará su pragmatismo y puesta en marcha mediante técnicas a implementar a lo largo de la investigación. La regla básica tanto de la entrevista como del interrogatorio, es que nunca debe comenzarse sin una estrategia previa.

7.1. Entrevista

Las entrevistas generalmente se llevan a cabo para obtener información básica de hechos y antecedentes de un caso a efecto de realizar un proceso investigativo. Una entrevista efectiva se lleva a cabo en un ambiente amistoso con cierto tono formal. No es adversarial o confrontacional, al menos en principio. Es sencillamente una forma de obtener información haciendo preguntas a personas con buena disposición. Además, en las entrevistas comúnmente se identifica a otras personas que serán entrevistadas donde se observarán sus reacciones y se buscarán signos de ocultamiento de datos o de malas interpretaciones acerca de un caso. Las personas que se ajusten a esto último serán candidatos para ser interrogados. En la entrevista suele existir cooperación entre entrevistado y entrevistador. La entrevista en el ámbito forense tiene connotaciones exploratorias, es decir, suele ser el primer paso para hacerse una composición de lugar y emprender los siguientes actos analíticos de la investigación con los datos aportados.

Los cuatro conceptos básicos que deben darse en toda entrevista son:

Acercamiento. Los investigadores poco experimentados a menudo comienzan preguntando a cada persona que tiene que ver con un incidente bajo investigación. Pero los profesionales con mayor experiencia tienden a elaborar una lista de personas a entrevistar.

Conocer los detalles. En algunas ocasiones los entrevistadores poco hábiles no valoran la conveniencia de seguir un procedimiento establecido y hacer la tarea como se debe. Piensan que pueden obtener lo que necesitan en cualquier momento y no le dan importancia al proceso de entrevista. Esto es un error. Conocer y dominar con maestría los detalles que rodean el caso es algo esencial.

Oportunidad. Es mejor conducir una entrevista tan pronto como sea posible después del hecho, para aprovechar que los datos a recolectar aún están "frescos" en las mentes de las personas a entrevistar. Para un interrogatorio, sin embargo, es mejor no tener prisa hasta que el interrogador esté armado con toda la evidencia o la mayoría de las pruebas corroboradas.

En aquellos casos donde se realizarán entrevistas posteriores con testigos potenciales, es una buena práctica notificarles de antemano y programar una cita en los términos más convenientes para el manejo del caso. Una notificación anticipada al testigo le permite tener tiempo para reflexionar en sus observaciones y conocimiento de los hechos de tal manera que su declaración o testimonio sea más razonado.

Más aún, dado que los investigadores a menudo tiene que conducir muchas entrevistas para un solo caso, debe ser una práctica cotidiana la programación de las mismas pues son en realidad el único camino asequible para poder realizar su tarea con varios testigos en forma ordenada y efectiva.

Ubicación. En todas las situaciones, una entrevista debe llevarse a cabo en un lugar privado para animar la confianza del entrevistado y mantener las distracciones al mínimo. Los investigadores pueden necesitar hacer arreglos especiales para proporcionar la atmósfera apropiada, como por ejemplo celebrar la entrevista fuera del horario de oficina o en un salón privado de un hotel o en un restaurante. Incluso pueden celebrarse dentro de un automóvil. Lo que debe observar un investigador en cuanto al sitio y ubicación varía dependiendo de si se realiza una entrevista o un interrogatorio.

Las entrevistas deberían llevarse a cabo en ambientes amigables, familiares y confortables que resulten convenientes para la persona que será cuestionada, se debe tener en cuenta que el estado mental del entrevistado debe ser tranquilo y calmado.

7.2. Interrogatorio

El interrogatorio, a diferencia de la entrevista, está diseñado para lograr que un sospechoso confiese su participación o acepte su culpabilidad en los hechos. El interrogatorio suele, más bien debe, llevarse a cabo en un lugar poco confortable y donde el interrogado no pueda sentirse apoyado por otras personas. El investigador necesita tener el control de la situación y por lo tanto hacer sentir a un sospechoso esta condición. Por este motivo, casi nunca es una buena idea interrogar a un sospechoso en su domicilio particular o en el lugar de trabajo.

Una sala de dimensiones entre unos 6 y 8 mts/2., sin elementos distractores (teléfono, cuadros, fotografías, póster, ventanales), puede ser suficiente. Idealmente la silla del interrogado deberá tener el respaldo recto, sin descansa brazos y sin ruedas o mecanismo para girar sobre sí misma. Por supuesto se debe respetar siempre los derechos legales de los sospechosos.

En un interrogatorio es recomendable que aparezca la figura del Observador. El Observador es una tercera persona que actúa como mero receptor de la escena, sin intervenir en el interrogatorio hasta su finalización y haciéndose notar únicamente cuando así haya sido pactado en la estrategia de interrogación. Al finalizar el interrogatorio, investigador y observador intercambiarán datos e impresiones con el fin de complementarse mutuamente y llegar a confeccionar el todo del interrogatorio.

7.2.1. Técnicas de interrogatorio

Existen multitud de técnicas de interrogatorio. La realidad es que cada interrogatorio es diferente y debe planearse de manera individual y adaptando las circunstancias a la especificidad del acto, situación y sospechoso.

No por ello se debe de obviar las técnicas generalistas más utilizados en la investigación tanto pública como privada. Dos son las técnicas más conocidas y reconocidas.

Técnica Kinésica

La entrevista kinésica reconoce e interpreta un amplio rango de conductas conscientes e inconscientes, verbales y no verbales, que exhiben típicamente las personas cuando son sometidas a interrogatorios.

Mientras más definido sea el patrón de conducta que se observa en una persona, mayor seguridad podrá tener un interrogador respecto a si dicha persona se está conduciendo evasivamente o con falsedad.
Es importante destacar que un principio básico de la técnica kinésica establece que ningún síntoma o signo conductual por si sólo indica una prueba absoluta de que alguien esté mintiendo.

Es el conjunto de síntomas -un síndrome- lo que puede permitir a un investigador interpretar con mayor certeza si un sujeto dice la verdad o miente. Un interrogador podría inferir frecuentemente situaciones de engaño poniendo atención a los siguientes elementos.

Conducta verbal. La conducta verbal incluye no sólo cómo las palabras son utilizadas en la dicción, sino también la forma de hablar, es decir, la paralingüística.

Incluye también la naturaleza de la comunicación, tal es el caso de responder una pregunta con otra pregunta, responder repitiendo la misma pregunta recibida, o tratando de mostrar credibilidad invocando a Dios o a la religión *("Lo juro por Dios")*. También los lapsos reales (llamados *lapsus linguae*) o de aparente pérdida de memoria durante un interrogatorio quedan comprendidos dentro de la conducta verbal. Cuando se dan estas variaciones en la paralingüística, por ejemplo cambio en la modulación de la voz, o un *lapsus linguae*, por ejemplo estar hablando sobre una tercera persona y cuando se le pregunta el nombre decir el suyo o el de otra persona (rápidamente pedirá perdón y rectificará el error), o incluso cuando estos lapsus son escritos (*lapsus calami*), y por ejemplo, escribe un texto en mayúsculas y una palabra es escrita en minúsculas, se debe hacer inferencia y tener en cuenta, ya que esto es signo de algo significativo siempre.

Respuestas divergentes. Las respuestas dadas en una entrevista ya sea por personas culpables o por personas inocentes entran en dos distintos tipos de patrones conductuales. Cuando se le pregunta a una persona que no ha tenido nada que ver con un hecho, normalmente responderá de manera directa, mientras que alguien involucrado suele acompañar la negación de algún tipo de explicación que en principio puede resultar convincente, ya que la tenía preparada, pero que si el interrogador le pide que la desarrolle, entrará en conflicto consigo mismo ya que no conocerá muchos detalles debido a que es una situación inventada. Algo que puede hacerse para comprobar la veracidad de un testimonio, una prueba rápida pero bastante eficiente, es que el investigador pida que la persona interrogada relate los hechos tal y como dice que fueron, y, un rato después, le vuelva a preguntar por los mismos hechos, pero esta vez que los relate del más cercano en el tiempo al más lejano, es decir, que diga lo mismo que antes pero al revés. Cuando una persona inventa una sucesión de hechos, lo hace de manera lineo-temporal, es decir, "hacia adelante", por lo que si se le pide que haga lo contraria tendrá grandes dificultades ya que no recuerda lo inventado porque esta invención fue creada de manera inversa (del principio al final) y es muy difícil recordarlo a la inversa (del final al principio). Sin embargo, si esos hechos han sido experimentados, es decir, vividos, se recordarán de cualquier forma (del primero al último, del último al primero, etc) ya que se recuerdan hechos que se han experimentado y que están grabados en la memoria.

Conducta no verbal. Tomando en cuenta el amplio espectro del lenguaje corporal, la conducta no verbal usualmente se manifiesta por sí misma como una reacción hacia una dificultad o a una pregunta directa que pretende extraer la verdad. Los entrevistadores siempre deben poner mucha atención al lenguaje corporal.

La esencia para identificar signos reveladores de la conducta no verbal es observar el patrón de comportamiento de una persona y cómo ella responde y reacciona a las preguntas relevantes en comparación a cómo responde a preguntas normales o no amenazantes durante el transcurso del interrogatorio.

Técnica Reid

La técnica siempre comienza con una entrevista no acusatoria y cuando es el momento apropiado se orienta la sesión hacia un interrogatorio. La etapa del interrogatorio está basada en nueve componentes.

Confrontación positiva. El interrogador primero adopta una posición acusatoria dominante asumiendo confiadamente que el interrogado es culpable y esperando la reacción del sujeto para evaluarla. Entonces el interrogador utiliza lo que en la técnica Reid se conoce como una "declaración de transición" para conseguir que el sujeto admita la culpa. Una declaración de transición es una razón articulada (inferencia consistente) por el investigador a efecto de orientar el interrogatorio hacia su terreno.

Una vez que el interrogador ha manifestado su certidumbre sobre la culpabilidad de un sujeto, debe necesariamente continuar con otras inferencias que permitan explicar y probar el por qué y el cómo es que el interrogado cometió un delito.

Desarrollo del tema. El investigador ayuda a que el interrogado desarrolle aspectos temáticos que minimicen o justifiquen el motivo de un delito o hecho investigado apelando a aquellas circunstancias que el interrogador crea más apropiadas en función del tipo de personalidad del sujeto. De esta forma, una persona culpable ya habrá racionalizado la conducta cometida y las posibilidades de que admita su responsabilidad pueden haberlo dejado preparado para confesar. Algunos temas específicos, de acuerdo a Reid, incluyen decirle al sujeto que otras personas habrían hecho lo mismo que él bajo las mismas circunstancias.

Manejo de negaciones. Aquí el interrogador intenta persuadir al sujeto de que no es conveniente para él negar su implicación en los hechos. Los indicadores no verbales que suelen aparecer durante una posible negación incluyen la inclinación hacia delante en la silla donde se ubica el individuo como deseando retirarse, extender la mano tratando de llamar la atención y captar la mirada del interrogador, o abrir la boca dando la impresión de querer hablar. También un indicador verbal sobre este punto es la petición de querer hablar por parte de un inculpado.

Después de escuchar la petición de hablar por parte del interrogado, por ejemplo, un interrogador debería atajar la solicitud y expresar un comentario que desapruebe el intento de negación[29]. También en uno de los estudios

---

[29] Nota: en la técnica llamada W-Z de los expertos Wicklander y Zulawsky se utiliza además un signo no verbal de alto con las manos dirigidas hacia el sujeto interrogado y moviendo la cabeza hacia un lado como queriendo que el sujeto interprete algo parecido a *"Ese no*

documentados de Reid, los autores describen este procedimiento en la forma siguiente: "El tipo de comentario suele comenzar con una referencia acentuada sobre el nombre de la persona (Ejemplo. "¡José!"), seguido por algo parecido a, "antes de que digas algo más, déjame explicarte que delicado es este asunto", o, "Escucha, quiero que entiendas esto". Estos comentarios deben, por supuesto, estar respaldados por gestos tales como romper el contacto visual y mantener en alto una mano haciendo la señal de "alto".

Objeciones inminentes. Como lo define Reid, una objeción "*es una declaración realizada por un sujeto como una excusa o razón del porqué una acusación es falsa*". Los investigadores deben desechar generalmente este tipo de objeciones.

Atención. Captar y mantener la atención de un sospechoso es también un aspecto clave. Un interrogador debe reconocer el punto donde el sospechoso esta psicológicamente seguro de sí mismo para superar un interrogatorio, de tal manera que en determinado momento el investigador utilice técnicas invasivas de acercamiento físico y técnicas verbales para dominar y controlar la atención del sujeto.

Mantenerse quieto y evitar el contacto visual. Son dos signos de que el sujeto esta en otro

---

es el tema, volvamos al punto". Este además se conoce técnicamente en la técnica W-Z como "el emblema de alto".

asunto. El rostro de la persona no reflejará emociones y comenzará a cruzar las piernas. Las técnicas para recuperar la atención incluyen que el investigador mueva su silla más cerca del sujeto de una manera gradual y sin obstrucciones. Al mismo tiempo, el interrogador puede moverse dentro de la línea de visión de la persona para restablecer el contacto visual.

Pasividad. El investigador debe saber cómo manejar la conducta pasiva de un sospechoso, al tiempo que esta actitud puede tratarse de un indicador de que la persona está lista para admitir su culpabilidad. En estas circunstancias el interrogador debería hacer un resumen del porqué la persona cometió el hecho, observando atentamente las reacciones ya sea que el sujeto acepte o rechace las razones que manifestó el investigador.

Preguntas alternativas. Para obtener una admisión de culpabilidad, el interrogador hace una pregunta con sólo dos posibles respuestas, ambas incriminatorias.

Detallando eventos. El investigador debe obtener los detalles incriminatorios del sujeto para establecer una admisión de culpabilidad completa e identificar las discrepancias y la falta de concordancia en la historia que expresa el interrogado. Los métodos para lograr este propósito deben utilizar palabras que eviten dramatizar y exagerar los hechos.

Declaraciones escritas. En esta etapa un interrogador debe convertir una confesión oral en una confesión escrita. Se trata de un aspecto vital que las declaraciones sean estructuradas de tal manera que soporten la admisión de culpabilidad verdadera del sospechoso y una voluntad natural de expresar la confesión.

Otras técnicas

Aunque, como se ha dicho, las técnicas Kinésica y Reid son ampliamente conocidas en el medio de la seguridad pública y privada como efectivas, no siempre sólo con una de éstas técnicas puede tenerse una solución completa para el manejo de las entrevistas e interrogatorios.

Cada persona, cada investigación, cada entrevista o interrogatorio es único, y mientras el investigador conozca y domine varias herramientas metodológicas tendrá mayores posibilidades de resolver un caso.

En cualquier investigación, el investigador debe aplicar un repertorio personal de habilidades de entrevista e interrogatorio que le resulten apropiadas y efectivas. Existen muchos otros tipos de técnicas para analizar el lenguaje verbal y corporal que son utilizadas por los entrevistadores. Varias de estas técnicas incluyen la aplicación incremental de la presión psicológica hacia el sujeto.

El proceso de interrogatorio descansa en la premisa de que, bajo situaciones de estrés, alguien que está mintiendo o reservando información de un caso tenderá a experimentar algún tipo de desorden interno y este conflicto psicológico se manifestará por sí mismo en una serie de signos verbales y no verbales. Un entrevistador efectivo sabe como aumentar el nivel de presión sobre una persona para que seguidamente se incrementen los indicadores verbales y no verbales que habrá de interpretar en su momento.

Recomendación clave. los interrogadores deben tener siempre presente que están utilizando una herramienta poderosa pero imprecisa dentro del proceso de cuestionamiento a cualquier persona, así que deben conducirse con responsabilidad y aplicar este recurso cuando lo demanden las circunstancias.

Un buen interrogador puede conseguir que una persona inocente admita alguna culpabilidad manejando indiscriminadamente la presión psicológica. Sin embargo, el objetivo final de una entrevista e interrogatorio es descubrir la verdad de los hechos y no la de obtener una falsa admisión a cualquier costo. Con esto en mente, se enuncian brevemente otras técnicas perfectamente complementarias y transversales a las anteriores:

Silencio. Esperar a que el sospechoso hable. La mayoría de la gente se incomoda con el silencio y comienza a hablar solamente para romper la tensión. Conseguir que un sospechoso diga algo es mejor que el silencio, ya que podrá revelar nueva información o parafrasear algo que dijo anteriormente y que podrá aclarar el significado de lo declarado.

Empatía. Empatizar con el sospechoso, tal vez compartiendo una experiencia personal. El objetivo es minimizar el sentimiento de culpa o la pena por una conducta ilícita cometida para que le resulte menos difícil emitir una confesión.

Apelar a las emociones. A menudo las personas responsables de un delito están desesperadas en descargar su culpa porque les causa un gran peso en su "alma", de tal manera que un investigador puede proceder apelando a las emociones del sujeto como la religión, la espiritualidad, la ética o la moral.

Señalar signos de culpabilidad. Otro camino para incrementar la presión en un sospechoso es decirle abiertamente que está manifestando síntomas típicos de culpa.

Estar listo para el golpe. Buscar la admisión de culpabilidad cuando el sospechoso manifiesta buena disposición para cooperar o parece estar listo para confesar. Un signo efectivo que denota que el sujeto está en esta situación es cuando pregunta, "*¿Qué le pasará a la persona que hizo esto?*" En este caso, el interrogador puede poner en práctica su pericia como interrogador.

Transmitir que se sabe todo. Después de hacer una pregunta, destacar que se sabe la respuesta.

Ofrecer una oportunidad para mentir. Dar al sospechoso una posibilidad de mentir, sugerir un escenario que se sabe incorrecto y escuchar si la versión del sospechoso concuerda.

Quitar la mira del sospechoso. Otra táctica efectiva es preguntar al sospechoso que externalice su opinión del hecho. Esto incluye preguntarle cómo él podría haber cometido el hecho o por qué alguien habría de cometerlo. También se le podría preguntar qué debería sucederle a la persona culpable del crimen.

Usar el engaño con moderación. Es legalmente aceptable proporcionar falsa información o sugerir que se tiene evidencia que no existe. La clave aquí es ser muy cuidadoso para no perder credibilidad ante el sospechoso mencionando algo que él sabe no es cierto o provocar con la mentira que una persona inocente confiese algo que no cometió.
Al fin y al cabo la entrevista y el interrogatorio "maneja" las mismas premisas que la Perfilación Criminal y es que se trata con personas, por lo que

la aplicación de estas técnicas no deben ser ortodoxas. La experiencia del interrogador juega un papel fundamental sabiendo cuando utilizar una técnica, la otra o los diferentes aspectos de las mismas. Se trata de obtener información veraz que, o bien ayuden a señalar al autor y/o a aportar datos a la investigación.

Epílogo

Esperamos, como dijimos al principio del manual, haber alcanzado las expectativas que tú, lector, habías depositado en este libro. Y, por supuesto, deseamos que hayas podido adquirir conocimientos profundos sobre la Perfilación Criminal.

Ahora no queda más que continuar apoyando el empirismo, objetivismo y cientifismo de esta técnica criminológica que tanto puede aportar a las diferentes investigaciones forenses y que no hará sino aportar datos para que estas lleguen lo más rápido y con todas las garantías posibles hacia la resolución de los casos más complicados.

Como se ha visto, esta técnica no está únicamente reservada a la investigación pública, en donde es indudable que aporta gran cantidad de datos no ya importantes, sino imprescindibles para la resolución, y pueda ser solicitada también de manera privada para poder aportar a las partes información sustancial en el ejercicio de su defensa o acusación con pruebas que garanticen el buen desarrollo y conclusión de la investigación.

No nos resta sino quedar a disposición del lector para todo aquello en lo que podamos ayudar y esperamos que, con nuestro pequeño grano de arena, podamos ver como la Perfilación Criminal llega a ser de utilidad en el mundo judicial tal y como ya se hace en países donde es una técnica fundamental en aquellos casos donde su auxilio ayuda a toda la investigación, pues se trata de una especialización forense que todavía tiene mucho que demostrar.

Bibliografía

1. **Dentro del monstruo. Un intento de comprender a los asesinos en serie.** Robert K. Ressler. *Alba Editorial.* 1992.

2. **Manual práctico del perfil criminológico (Criminal Profiling).** Jorge Jiménez Serrano. Lex Nova. 1ª Edición. 2010.

3. **Asesinos en serie.** Robert K. Ressler y Tom Shachtman. *Editorial Ariel.* 2012.

4. **Victimología en América Latina.** Angela Tapias. *Ediciones de la U.* 2016.

5. **Principios de Criminología.** Vicente Garrido Genovés, Per Stangeland y Santiago Redondo. *Tirant Lo Blanch.* 2006.

6. **De l´expertise criminelle au profilage.** Michèle Agrapart-Delmas. *Editorial Favre.* 2001.

7. **Estudios sobre la histeria y otros ensayos. Volumen 1, ensayos I-IV.** Sigmund Freud. *Editorial Orbis.* 1988.

8. **Proyecto de una psicología para neurólogos y otros ensayos. Volumen 2, ensayor VII-XVI.** Sigmund Freud. *Editorial Orbis.* 1988.

9. **Introducción al psicoanálisis.** Sigmund Freud. *Alianza Editorial.* 1967.

10. **De la psychose paranoïaque dans ses rapports**

avec la personalité. *(Tesis doctoral)* Jacques Lacan. *Essais.* 1975.

11. **Les quatres concepts fondamentaux de la psychanalyse.** Jacques Lacan. *Essais.* 1973.

12. **Manual de Victimología.** Enrique Baca Baldomero y VV.AA. *Tirant Lo Blanch.* 2006.

13. **Mapping Murder: the secrets of geographcial profiling.** David Canter. *Virgin.* 2003.

14. **L´homme criminel.** Césare Lombroso. *Essai.* 2015.

15. **Casebook of a crime psychiatrist.** James A. Brussel. *Bernard Geis Associates.* 1968.

16. **El delirio sensitivo de referencia: Contribución al problema de la paranoia y a la teoría psiquiátrica del carácter.** Ernst Kretschmer. *Editorial Triacastela.* 2000.

17. **Interrogatorio: Tecnología de la comunicación en ámbito jurídico.** VV.AA. *Difusión jurídica y temas actualidad.* 2011.

18. **Arte y técnica del interrogatorio.** Oscar Fernández León. *Aranzadi.* 2016.

Made in the USA
Coppell, TX
17 May 2024

32511052R00100